JOACHIM LEMPPENAU

Gattungsschuld und Beschaffungspflicht

Schriften zum Bürgerlichen Recht

Band 5

Gattungsschuld und Beschaffungspflicht

Kritisches zu § 279 BGB

Von

Dr. Joachim Lemppenau

DUNCKER & HUMBLOT / BERLIN

Alle Rechte vorbehalten
© 1972 Duncker & Humblot, Berlin 41
Gedruckt 1972 bei Buchdruckerei Feese & Schulz, Berlin 41
Printed in Germany
ISBN 3 428 02627 6

Inhaltsverzeichnis

§ 1: § 279 ist keine völlig geklärte, problemlose Norm 13

§ 2: Erläuterung der vom Gesetzgeber in § 279 verwendeten Begriffe .. 16

    I. § 279 als Ausnahme von § 275 II — Stellung im Gesetz 16

    II. Die in § 279 verwandten Begriffe 16

        1. Gattung 16
            a) Sachqualität 17
            b) Unbestimmtheit 17
            c) Sachgesamtheit — Vorrat 18
            d) Vertretbarkeit — Genusqualität 18
            e) Vorratsschuld 19
            f) Genusschuld — alternative Obligation 20

        2. Begriff des Unvermögens 21

        3. Vertretenmüssen 22

        4. „Solange die Leistung aus der Gattung möglich ist" 24
            a) Unmöglichkeit ist Anwendungsgrenze für § 279 24
            b) In § 279 gilt allgemeiner Unmöglichkeitsbegriff 24

    III. Ergebnis 25

    IV. Folgerungen aus der begrifflichen Auslegung 25

        1. „genus perire non censetur" 25
            a) § 279 bewirkt einen Sekundäranspruch 26
            b) genus perire — wie hier verstanden — ergibt sich also offensichtlich 26

                aa) aus der anderen Verknüpfung des Leistungsgegenstandes mit der obligatio 26
                bb) aus § 243 II BGB 27

        2. die Beschaffung einer Speziessache 27

        3. die Behandlung von Geldschulden 28

        4. die Haftung bei Mittellosigkeit 28

        5. eine Nichtanwendung auf persönliche Leistungshindernisse.. 29

§ 3: Entstehung des § 279 30

    I. Römisches Recht 30

        1. Unterscheidung genus — species bekannt 30

Inhaltsverzeichnis

    2. Römische Kategorien der Leistungsstörungen 30
        a) im Bereich der stricti iuris actiones 31
        b) in den Fällen der bonae fidei actiones 32

    3. Genusschulden waren im römischen Recht Gegenstand strengrechtlicher Obligationen 33
        a) für das Kaufrecht nachgewiesen 33
        b) bei Darlehen 34
        c) actiones ex testamento 35

    4. Im Bereich der strengrechtlichen Klagen ergibt sich die schärfere Haftung des Genusschuldners aus dem allgemeinen Haftungsprinzip und dem tatsächlichen Unterschied in dem Umfang der möglichen Leistungsgegenstände 35

    5. Für Verzug gibt es keine verschiedene Haftungsregel 36

    6. Im Bereich der bonae fidei iudicia — nach denen die Vorratsschulden behandelt wurden — gibt es ebenfalls keine besondere Haftungsregel für Gattungsschulden 37

  II. Gemeines Recht 37

    1. Die Bedeutung des Unterschieds zwischen bonae fidei iudicia und iudicia stricti iuris 37

    2. Leistungsstörungskategorien im gemeinen Recht 39
        a) Mommsens Leistungsstörungs-Modell 39
        b) Begründung bei Mommsen für eine strengere Haftung .. 41
        c) Dennoch Übernahme in das BGB 42

  III. Gesetzesmaterialien 43

  IV. Folgerungen aus den historischen Bezügen 46

    1. § 279 beruht auf unzulässiger Vermischung der beiden Klagarten 46

    2. Typisches Beispiel für Objektsbezogenheit der Leistungsstörungskategorien 46

    3. Dualismus: Leistungsstörungen — § 242 46

§ 4: Veränderung der Aussage des § 279 durch Lehre und Rechtsprechung   47

  I. Einschränkung des § 279 48

  II. Ausdehnung des Anwendungsbereichs 53

  III. Änderung des § 279 durch Manipulation am Unmöglichkeitsbegriff 57

§ 5: Veränderung des objektbezogenen Leistungsstörungsbegriffs, Hinwendung zur Berücksichtigung des Schuldnerverhaltens 59

  I. Vorbemerkung 59

Inhaltsverzeichnis

II. Änderung des Unmöglichkeitsbegriffes	59
1. Unmöglichkeitsbegriff des BGB	59
2. Änderungen	60
III. Veränderungen bei den den Schuldner verpflichtenden Leistungsstörungen	64
1. Positive Forderungsverletzung	64
2. Culpa in contrahendo	65
IV. Veränderung im Verständnis des Schuldverhältnisses	65
V. Lösungsmöglichkeiten, um dieser Veränderung gerecht zu werden	66
1. Umformung des Begriffes Unmöglichkeit zur Nichterfüllung	66
2. § 276 — Haftungsgrund — Verschuldung	66
3. Neben den Leistungshindernissen, die in den § 275 ff. geregelt werden — Neuschaffung von Hindernissen aus § 242 ..	67
a) Lehre vom Wegfall der GG	67
b) Krückmanns Versuch — Einrede aus entgegenstehendem gewichtigen Interesse	67
c) Neuere Lehre — unzulässige Rechtsausübung	68

§ 6: Aus dieser Entwicklung der Leistungsstörungen für § 279 folgende Konsequenzen 71

I. Neue Einteilung der Schuldarten	71
II. Bedeutung der Änderung für den Begriff des Unvermögens in § 279	72
1. „alio possibilis"	72
2. Beschaffungsschuld — Unvermögen	75

§ 7: Behandlung der Vorratsschulden 77

I. Ausgangspunkt: Der tatsächliche Unterschied Spezies- — Vorratsschuld	77
1. In § 279 Unterschied jetzt bedeutungslos	77
2. Der verbleibende Unterschied (§ 243 II)	77
3. Kein anderer Unterschied	77
4. § 279 und § 243 verstehen unter Gattungsschuld demnach nicht dasselbe	78
II. Vergleich des gewonnenen Ergebnisses mit der Interessenlage der Parteien	78
1. Fall	79
a) Interessenwertung	79
b) Bisherige Lösungsmöglichkeiten	79

aa) Unmöglichkeit 80
bb) Leistungsmöglichkeit „aus der Gattung" 80
cc) Lösung von Kisch 80
c) Interessengerechtes Ergebnis 81

2. Fall 81
   a) Interessenwertung 82
   b) Bisherige Lösungen 83
   c) Interessengerechtes Ergebnis 83

3. Fall 83
   a) Interessenwertung 83
   b) Bisherige Lösung 84
   c) Ergebnis 84

4. Fall 84
   a) Interessenwertung 85
   b) Ergebnis 86

5. Fall 86

6. Fall 86

III. Ergebnis 88

§ 8: Die Haftung des Schuldners einer Beschaffungsschuld 88

I. § 279 und die verschiedenen Typen der Beschaffungsschuld 88

1. Aus § 279 müßte einheitlicher Typ entnommen werden 88
   a) Subsidiäre Beschaffungsschuld 89
   b) Einteilung in Falltypen (6 Falltypen) 89

2. Einteilung in typische Leistungshindernisse 90
   a) Falltypen 1 und 2 90
      aa) Untergang der möglichen Leistungsgegenstände 90
      bb) Ausschluß des Schuldners aus dem Handel aus Gründen, die nicht beim Schuldner liegen 90
      cc) Ausschluß aus Gründen, die beim Schuldner liegen.. 90
      dd) Finanzkrise des Schuldners 90
      ee) Andere persönliche Leistungshindernisse (Krankheit etc.) 90
      ff) Aequivalenzstörung 90
   b) Falltypen 3 und 4 90
      aa) Schließung des Teilmarktes 90

bb) Ausschluß des Schuldners aus dem Teilmarkt 91

cc) Persönliche Verhinderung des Schuldners 91

bb) Unfähigkeit des Schuldners, am Teilmarkt nach dessen Regeln zu beschaffen 91

ee) Finanzkrise des Schuldners 91

c) Falltypen 5 und 6 91

aa) Leistungsunfähigkeit des Dritten 91

bb) Mangelnder Leistungswille des Dritten 91

cc) Mangelnder Leistungswille des Dritten gerade gegenüber dem Schuldner 91

dd) Überhöhte Preisforderung des Dritten 91

ee) Geldmangel beim Schuldner 91

3. Einordnung dieser Leistungshindernisse in die bekannten Leistungsstörungen 91

a) Fälle der Unmöglichkeit 91

b) Finanzielles Unvermögen 92

c) Andere Fälle des Unvermögens 92

d) Fälle der Aequivalenzstörung 93

4. § 279 führt nur zu einer Haftungsverschärfung bei Unvermögen. Diese Sonderbehandlung des Unvermögens ist unbegründbar 98

II. Das eigentliche Ergebnis der modifizierten Interpretation des § 279: „Risikoverteilung des Vertrages" 95

III. Konkretisierung des Begriffes „Risikoverteilung des Vertrages" im Rahmen der Beschaffungsschuld 97

1. Risikoverteilung des Vertrags als allgemeiner Begriff ist ungenügendes Unterscheidungskriterium 97

2. Risikoverteilung des Vertrags ergibt sich aus § 276 und dem objektiven Fahrlässigkeitsmaßstab 98

3. Praktische Beurteilung der Risikoverteilung in der Rechtsprechung 99

a) Haftungsbejahende Entscheidungen 100

aa) RGZ 93, 17 f. 100

bb) Kammergericht als Berufungsgericht zu entnehmen aus RGZ 95, 41 ff. 101

cc) RGZ 107, 74 ff. 101

b) Die Haftung des Schuldners — trotz § 279 — ablehnende Entscheidungen 102

aa) RGZ 99, 1 102

bb) RGZ 57, 116 ff. 102

    IV. Nutzanwendung auf die oben angeführten Typen von Beschaffungsverträgen 103

        1. Verpflichtung zur Beschaffung eines Gattungsgegenstandes auf dem Markt 103

            a) Erfordernis besonderer zur Beschaffung erforderlicher Fähigkeiten 103
            b) Pflicht der Marktbeobachtung 104
            c) Das Fehlen der durchschnittlichen auf dem Beschaffungsmarkt üblichen Fähigkeiten entschuldigt nicht 104
            d) Pflichtenmaßstab 104
            e) Die unterschiedliche Haftung des Beschaffungsschuldners ergibt sich — wie im röm. Recht — allein aus der faktischen Verschiedenheit der Vertragsverpflichtung ohne das Erfordernis einer besonderen gesetzlichen Haftungsregelung 104

        2. Verpflichtung zur Beschaffung einer species auf dem Markt 105

            a) Erfordernis besonderer Fähigkeiten 105
            b) Einzelfälle 105

        3. Verpflichtung zur Beschaffung eines generell oder speziell bestimmten Gegenstandes auf einem bestimmten Teilmarkt (beispielsweise auf einer Versteigerung) 106

            a) Erfordernis besonderer Fähigkeiten ergibt sich aus der Art des Teilmarktes 106
            b—d) Einzelfälle 106

        4. Beschaffung eines generell oder speziell bestimmten Gegenstandes bei einer bestimmten Person 107

            a) Erforderlich: Überblick des Schuldners über den betreffenden Vermögensbereich des Dritten 107
            b—e) Einzelfälle 107

    V. Ergebnis 107

§ 9: Die Haftung für finanzielles Unvermögen und § 279 109

    1. Übliche Begründung der Haftung für Geldschulden 110
    2. Geldschuld ist aber keine Gattungsschuld 111
    3. Möglichkeit der analogen Anwendung des § 279 112

        a) Regelungslücke liegt nicht vor 112
        b) Begründung für Analogie, wenn man Regelungslücke bejahen würde 115

§ 10: Zusammenfassung 117

Literaturverzeichnis 119

Abkürzungsverzeichnis

AcP	Archiv für civilistische Praxis
Bolzes Praxis	Die Praxis des Reichsgerichts in Zivilsachen, bearbeitet von Albert Bolze (1886—1901)
DJZ	Deutsche Juristenzeitung
Jherings Jahrbücher	Jahrbücher für die Dogmatik des heutigen röm. Rechts und deutschen Privatrechts; ab 37 der Gesamtreihe, 1897: Iherings Jahrbücher d. Dogmatik des bürgerl. Rechts
JuS	Juristische Schulung
JW	Juristische Wochenschrift
LM	Nachschlagwerk des Bundesgerichtshofs hrsg. von Lindenmaier, Möhring u. a.
LZ	Leipziger Zeitschrift für Deutsches Recht
MDR	Monatsschrift für Deutsches Recht
NJW	Neue Juristische Wochenschrift
Recht	Das Recht, begr. v. Soergel
RG Warneyer	Rechtsprechung des Reichsgerichts, soweit sie nicht in der amtlichen Sammlung der Entscheidungen des RG abgedruckt ist, hrsg. v. Warneyer (Erg. Bd. zu: Jahrbuch der Entscheidungen).
Seufferts Archiv	Seufferts Archiv für Entscheidungen der obersten Gerichte in den deutschen Staaten
SJZ	Süddeutsche Juristenzeitung
SZ	Zeitschrift der Savigny-Stiftung für Rechtsgeschichte, Romanistische Abteilung
Warneyer	Jahrbuch der Entscheidungen zum bürgerlichen Gesetzbuch und den Nebengesetzen (ab 2. 1903: auf dem Gebiet d. Zivil-, Handels- und Prozeßrechts; 5. 1906—16. 1917: Abt. A Zivil-, Handels- u. Prozeßrecht; dann: auf d. Gebiete d. Zivil-, Handels- u. Prozeßrechts), begr. v. Warneyer

§§ ohne Gesetzesangabe sind solche des BGB

§ 1: § 279 ist keine völlig geklärte, problemlose Norm

Kommentare[1] und Lehrbücher[2] behandeln § 279 meist ohne grundsätzliche Erörterungen. Die Klage, die kurz nach der Verabschiedung des BGB in vielen Lehrbüchern[3], Kommentaren[4] und Monographien[5] über die „verunglückte Norm" und über die „Unbrauchbarkeit der Fassung" des § 279 geführt wurde, scheint vergessen zu sein. Hätte man sich inzwischen auf die bei der Anwendung des § 279 zu beachtenden Grundsätze geeinigt und durch Interpretation — einengende und ausdehnende — den Grund der Klage beseitigt, wäre diese Klage bedeutungslos geworden. Eine weitere Erörterung der Bedeutung des § 279 im System der Leistungsstörungen wäre dann überflüssig. Jedoch zeigt schon ein oberflächlicher Blick in die gebräuchliche Literatur, daß Formulierungsmängel, die dem Gesetzgeber bei der Abfassung des § 279 unterliefen, auch heute noch die Interpretationsversuche moderner Lehrbücher und Kommentare beeinflussen.

So finden sich z. B. bei Fikentscher Sätze wie: „Bei Gattungsschuld wird weiter auf Erfüllung anstatt auf Schadensersatz gehaftet, § 279!

---

[1] *Palandt-Heinrichs* § 279 Anm. 2; *Nastelski* in *BGB-RGRK* § 279 Anm. 2, 3 und 5; *Reimer Schmidt* in *Soergel-Siebert* § 279; *Erman* § 279 Anm. 2, 3 und 6.
Eine Ausnahme bildet *Staudinger-Werner* § 279 insbesondere Anm. 1—6, der wenigstens andeutet, daß bei § 279 keineswegs alles so unstreitig ist, wie man es den anderen Kommentaren entnehmen könnte.

[2] *Fikentscher* § 43 III, 4 S. 210 und § 44 II, 1 b S. 215; *Blomeyer* § 12 III S. 52 und § 24, IV, 2 S. 120; *Ennecerus - Lehmann* § 6 S. 27 ff. und § 46 S. 192 ff. scheinen keinerlei Problem zu sehen, während *Esser* 2. Aufl. § 41 insbes. S. 143 f. und SAT § 18 II S. 113 ff.; *Larenz* § 11 S. 118, § 12 III, S. 132, § 21 I d S. 232 f., § 23 I b S. 254 f. zweifelhafte Fragen erörtern.

[3] *Cosack-Mitteis* § 156 I 4 b, S. 419; *Leonhard* SchuldR I S. 467, der von unbilligen Ergebnissen des § 279 spricht im Gegensatz beispielsweise zu *Dernburg* Bürgerl. Recht Bd. II 1 S. 144 § 62, der § 279 nur für den Ausdruck des Grundsatzes „genus perire non censetur" im BGB hält. Ähnlich wie *Dernburg* auch *Windscheid-Kipp* 9. Aufl. § 255 S. 42 f. und *Endemann*. S. 514 FN 10.

[4] Vor allem *Planck* 4. Aufl. II. Bd. 1. Hälfte Recht der Schuldverhältnisse, § 279 Anm. 1 a ff., wenn er in Anm. 2 darauf hinweist, daß § 279 das praktisch wünschenswerte Ergebnis leider nicht besage.

[5] *Kisch* Unmöglichkeit S. 112; *Kleineidam* Unmöglichkeit und Unvermögen nach dem BGB S. 124 ff., 125; *Titze* Unmöglichkeit S. 92 ff., 93; *Krückmann* Unmöglichkeit, der S. 137 von der Widernatürlichkeit des § 279 spricht und der S. 133 formuliert: „Der mit dem § 279 getane Mißgriff sei um so unverständlicher, als der richtige Gedanke von Hartmann und Ubbelohde ausgeführt worden ist." *Biermann* aaO. S. 100; *Ubbelohde* AcP 85, 118 ff.

Erst bei verschuldetem Untergang greift § 280 ein[6]." Oder: „Der Schuldner wird nicht frei, wenn die Lieferung einer Gattungssache schuldlos unmöglich wird[7]." Nach Blomeyer[8] ergibt § 279 ebenfalls, daß der Untergang eines Stückes von der Gattungsschuld nicht befreit — genus perire non censetur. Damit zusammenhängend bleibt unklar, ob § 279 eine Anwendung des § 280 ausschließt[9].

Wenn es inzwischen auch unumstritten ist, daß § 279 nicht schematisch auf alle Arten von Gattungsschulden und auf jede Art von Unvermögen anwendbar[10] ist, so ist doch immer noch nicht geklärt, nach welchen Kriterien seine Anwendung zu erfolgen hat[11]. Unklar ist ebenfalls, ob eine Geldschuld Gattungsschuld i. S. des § 279 ist[12]. Zweifelhaft ist weiterhin, ob sich daraus eine Anwendbarkeit der Norm auf Schulden ergibt, deren Leistungsgegenstand zwar speziell bestimmt, aber vom Schuldner mittels Geld zu beschaffen ist[13]. Und während die einen für § 279 nur noch einen ausgesprochen engen Anwendungsbereich sehen[14], wollen andere § 279 wenigstens entsprechend auch auf die Fälle anwenden, die zwar nicht eine Beschaffungsschuld betreffen, in denen aber der Schuldner das Eigentum an der von ihm versprochenen Sache nach Vertragsschluß verloren hat[15], jedoch immer noch in der Lage ist, diese verlorene Sache zurückzuerlangen. Nach dieser zweiten Meinung soll Unvermögen i. S. des § 275 Abs. II — das von der bisher h. M. schon dann angenommen wurde, wenn der Schuldner das Eigentum

---

[6] § 44 II 2 b, S. 217.
[7] § 44 II 1 b, S. 215, ebenfalls mit Hinweis auf § 279; ebenso beispielsweise *Reimer Schmidt* in *Soergel-Siebert* § 279 Anm. 1; *Rabel* Recht des Warenkaufs Bd. I S. 340.
[8] Allgemeines Schuldrecht § 12 Abs. 3, 2, S. 53.
[9] *Erman* § 279 Anm. 8 dafür; dagegen — d. h. § 279 bestimmt mit darüber, ob § 280 vorliegt — *Reimer Schmidt* in *Soergel-Siebert* § 280 Anm. 1 und *Nastelski in RGRK* § 280 Anm. 1.
[10] Vgl. etwa *Medicus* Bürgerl. Recht (2. Aufl.) § 13 III S. 110; noch weitergehend 3. Aufl. § 13 III 1 b S. 107, wo § 279 nur noch als Auslegungshilfe für die Beschaffungspflicht des Gattungsschuldners bezeichnet wird. *Esser* SAT § 18 II 2 S. 114; *Larenz* § 23 I b S. 254; *Erman* § 279 Anm. 4.
[11] *Esser* 2. Aufl. § 41, 3, S. 143; *Ballerstedt* aaO. S. 267 ff., 273.
[12] Für Anwendbarkeit des § 279 auf Geldschulden, weil diese Gattungsschulden seien: *Blomeyer* S. 62; *Fikentscher* § 29 I 2 S. 142; *Erman* § 279 Anm. 2; *Reimer Schmidt* in *Soergel-Siebert* Anm. 3 zu § 244. Der Meinung, daß Geldschulden zwar an sich keine Gattungsschulden seien, § 279 aber dennoch auf sie anwendbar sei, sind: *Esser* 2. Aufl. § 45, 1, S. 154 — formelle Gattungsschuld; *Enneccerus-Lehmann* § 11 I 3, S. 44 und auch *Simitis* a.a.O., S. 465.
Gegen die Anwendbarkeit des § 279 vor allem *Larenz* § 12 III S. 133; inzwischen auch *Esser* SAT § 20 III 2 S. 123.
[13] Die wohl noch h. M. bejaht diese Anwendbarkeit des § 279. a. A. inzwischen *Esser* SAT S. 211 f. § 33 IV 2.
[14] Vor allem *Ballerstedt* aaO. S. 264 ff., 266 ff.
[15] *Roth* JuS 1968, 101 ff., 107 linke Sp.

verloren hat — erst dann anzunehmen sein, wenn der Schuldner den Leistungsgegenstand von einem leistungsfähigen Dritten nicht mehr erwerben kann!

Diese kurze und deswegen wahrscheinlich auch willkürliche Übersicht über streitige Fragen, die sich aus § 279 ergeben, zeigt, daß von Problemlosigkeit dieser Norm keineswegs gesprochen werden kann. Ein weiterer Lösungsversuch ist also gerechtfertigt.

§ 2: Erläuterung der vom Gesetzgeber in § 279 verwendeten Begriffe

I. § 279 als Ausnahme von § 275 Abs. II — Stellung im Gesetz

Das BGB unterscheidet im Bereich des „Nichtleistenkönnens" des Schuldners zwar zwischen Unvermögen und Unmöglichkeit, setzt jedoch im Rahmen der nachträglichen Leistungsstörungen die Wirkung des Unvermögens der der Unmöglichkeit gleich — § 275 Abs. II.

Was unter Unmöglichkeit allgemein zu verstehen ist, interessiert in diesem Zusammenhang ebensowenig wie die Frage, ob eine Unterscheidung zwischen Unmöglichkeit und Unvermögen als gekünstelt und daher als überflüssig anzusehen ist[1]. Unbeachtet bleiben zunächst ebenfalls die historische Wurzel der Unmöglichkeit als Kategorie der Leistungsstörungen sowie die sich aus dieser ergebenden Schwierigkeiten, die Rechtsprechung und Lehre nach dem Inkrafttreten des BGB mit der Anwendung dieser Begriffe hatten[2].

Entscheidend ist hier vielmehr, daß § 279 die Gleichsetzung von Unvermögen und Unmöglichkeit, wie sie in § 275 Abs. II vorgenommen wurde, durchbricht. § 279 ist insoweit also Ausnahme von § 275 Abs. II, so daß für die begriffliche Interpretation Unvermögen und Unmöglichkeit nur als Gegensatzpaar interessieren.

II. Die in § 279 verwendeten Begriffe

1. Gattung

Die Anwendung des § 279 hängt offensichtlich davon ab, was das BGB unter der „Bestimmung eines Gegenstandes nach der Gattung" versteht. Das BGB verwendet eine ähnliche Formulierung — statt Gegenstand Sache — zwar auch in den §§ 243 Abs. I, 300 Abs. II und 480 Abs. I S. 1. Jedoch wird in diesen Normen der Begriff der Gattung ebenfalls vorausgesetzt.

---

[1] So *Titze* Unmöglichkeit S. 71—74 und S. 237 ff.
[2] Vgl. unten § 4.

II. Begriffe im einzelnen

a) Sachqualität

§ 243 Abs. I spricht von Sachen mittlerer Art und Güte, und auch in den Motiven[3] zum E I ist davon die Rede, daß „die Vorschriften des E I nur die generische *Sach*obligation im Auge" habe, wobei sie sogar darauf hinweisen, daß „generische Obligationen, deren Gegenstand eine Handlung ist", von der Normierung auszunehmen seien[4].

Man wird auch heute nicht bestreiten können, daß Gattungsschuld nach den Vorstellungen des BGB regelmäßig Sachschuld ist.

b) Unbestimmtheit

Die vom Schuldner zu erbringende Leistung kann bestimmt oder bestimmbar sein. Das unbestimmte Leistungsversprechen, das auch zum Zeitpunkt der Leistung nicht bestimmbar ist, wird von der Rechtsordnung vernünftigerweise nicht anerkannt.

Das Versprechen einer der Gattung nach bestimmten Leistung ist die Verpflichtung zur Leistung eines zunächst noch unbestimmten, aber bestimmbaren Gegenstandes, der zum Zeitpunkt der Leistung — regelmäßig durch Handlung des Schuldners — konkret bestimmt wird. Das Versprechen umfaßt also auch, aber nicht nur, den schließlich geleisteten Gegenstand; andererseits ist vor der Bestimmung keine in den Bereich der möglichen Gegenstände fallende Sache mit dem Leistungsversprechen verbunden[5]. Speziesschuld und Gattungsschuld unterscheiden sich also durch die unterschiedliche Verknüpfung des zu leistenden Gegenstandes mit dem Leistungsversprechen. Folglich verändert bei der Speziesschuld der Untergang der Sache die Obligation über die Vorschriften der §§ 275, 280, 276 immer. Dagegen kann der Untergang einer nur der Gattung nach bestimmten Sache vor deren durch den Schuldner vorzunehmenden Verknüpfung mit dem Leistungsversprechen — d. h. vor der Konkretisierung i. S. des § 243 Abs. II — die Obligation nicht berühren[6].

---

[3] *Motive* Bd. II S. 10 ff. (zu §§ 213, 214).
[4] *Motive* aaO. mit Hinweisen auf *Windscheid* und *Goldschmidt*. Dabei wurde übersehen, daß *Windscheid* Pand. Bd. II (2. Aufl.) § 255 S. 19 FN 16 eine generische Obligation auch dann annahm, wenn jemand zu einer „nur ihrer Art nach bestimmten Arbeit verpflichtet" war.
Vgl. auch *Medicus* Festschrift Felgentraeger S. 311 und S. 312, der daher die Sonderregeln über die Gattungsschuld auf die nicht auf Sachübereignung gerichteten Verbindlichkeiten ausdehnen will.
[5] So beispielsweise schon *Windscheid* Pand. Bd. II (2. Aufl.) § 255 S. 20 FN 21.
[6] Vgl. unten IV 1 die Folgerungen, die sich hieraus bezüglich des gesetzlichen Anknüpfungspunktes für die gemeinrechtliche Parömie „genus perire non censetur" ergeben.

Bei der Speziesschuld ist also der vom Schuldner zu erbringende Leistungsgegenstand durch das Leistungsversprechen bestimmt und dadurch mit ihm verknüpft. Bei der Gattungsschuld dagegen verbleibt dem Schuldner die Bestimmung des Leistungsgegenstandes durch Auswahl aus dem durch das Leistungsversprechen abgesteckten Bereich.

c) Sachgesamtheit — Vorrat

Dieser Unterschied zwischen der Bestimmtheit und der Bestimmbarkeit des Leistungsgegenstandes ist auch entscheidend dafür, daß die Verpflichtung zur Leistung einer Sachgesamtheit (sei es Vorrat, sei es Erbschaft, sei es Vermögen) mit einer Gattungsverbindlichkeit nichts gemein hat. Sie ist als Speziesschuld zu behandeln, obwohl der Leistungsgegenstand in solchen Fällen immer aus einer Mehrheit von Sachen bestehen wird[7].

d) Vertretbarkeit — Genusqualität

Damit ergibt sich aber auch der Unterschied zwischen der Gattung nach bestimmten Sachen einerseits und vertretbaren Sachen andererseits. Die Vertretbarkeit ist eine der Sache anhaftende objektive Qualität, die einer Regelung durch das Leistungsversprechen entzogen ist. Der Gattungscharakter dagegen hängt allein von dem im Vertrag zum Ausdruck gekommenen Willen der Parteien ab[8]. Danach können also auch nicht vertretbare Sachen durch die Bestimmung der Parteien Gegenstand einer Gattungsschuld werden. Vertretbarkeit und Gattungscharakter werden tatsächlich zwar häufig zusammenfallen, gehören jedoch nicht notwendig zusammen. Daß der Gattungscharakter der vertraglichen Bestimmung durch die Parteien unterlag, war im gemeinen Recht umstritten[9]. In der Tat kann angenommen werden, daß das römische Recht bei der Behandlung von Gattungsschulden wohl auch danach unterschieden hat, ob vertretbare Sachen Gegenstand der Gattungsobligationen waren oder unvertretbare[10].

---

[7] So auch schon die gemeinrechtliche Literatur, vgl. *Wächter* Erörterungen S. 15; ausführlich *Kisch* Gattungsschuld — Wahlschuld S. 21 ff.
[8] So die übereinstimmende Meinung von Rechtsprechung und Lehre seit dem BGB. Ausführlich *Kisch* Gattungsschuld — Wahlschuld S. 1 ff., 15. Vgl. statt aller: *Esser* SAT § 18 I S. 111 f. mit Hinweis auf RGZ 92, 369 (FN 3).
[9] Zu diesem Streit vgl. die bei *Kisch* Gattungsschuld — Wahlschuld S. 58 FN 5 Genannten.
[10] Dazu, daß das römische Recht den Begriff der Gattungsschuld überhaupt kannte, vgl. *Kaser* Römisches Privatrecht § 34 III 2 S. 135; daß es unterschieden hat, vgl. vor allem *Genzmer* SZ 44, 86 ff., 160 f.; *Jörs-Kunkel* § 140, 3 S. 227; *Rabel* Grundzüge S. 474; *Seckel-Levy* SZ 47, 117 ff., vgl. insbesondere S. 122 und die dort Zitierten.

Auch die gemeinrechtliche Parömie „genus perire non censetur"[11] könnte Rückschlüsse darauf zulassen, daß die genus-Qualität nicht *nur* von dem im Vertrag zutage getretenen Parteiwillen abhängt, sondern auch an die Qualität der Vertretbarkeit anschließt. Denn nach dem Willen der Parteien kann die Gesamtgattung auch so klein gestaltet werden, daß die durch die Parömie aufgestellte Behauptung sich als falsch erweist. Die Entscheidung dieser Frage, die inzwischen auch nicht mehr umstritten ist[12], ergibt sich aber letzten Endes aus dem Prinzip der Vertragsfreiheit. Wer den Parteien jede Art der schuldrechtlichen Verpflichtung in eigener Autonomie überläßt, muß ihnen auch die Leistungsmodalität der einzelnen Verpflichtung überlassen. Für das Römische Recht möglicherweise geltende Einschränkungen können für das BGB nicht gelten, weil die Römer den Parteien nur einen abgeschlossenen Katalog möglicher Verpflichtungsgeschäfte anboten und die völlige Vertragsfreiheit nicht kannten[13].

Der Unterschied zwischen Gattungscharakter und Vertretbarkeit bewirkt aber notwendigerweise, daß im Rahmen des § 279 von Argumenten, die sich auf die Vertretbarkeit beziehen, kein Gebrauch gemacht werden kann[14].

e) Vorratsschuld

Mit der Entscheidung, daß der Gattungscharakter einer Leistungsverpflichtung nicht objektiv vorliegenden Sachqualitäten entnommen werden kann, sondern der Bestimmung des schuldrechtlichen Vertrages zu überlassen ist, beantwortet sich auch ohne weiteres die Frage nach dem Charakter der Verpflichtung zur Leistung aus einem Vorrat. Die sogenannte Vorratsschuld, beschränkte Gattungsschuld oder gemischt-generische Schuld muß demnach als Gattungsschuld bezeichnet werden. Denn sie hat mit der sogenannten normalen Gattungsschuld gemein, daß auch bei ihr der zur Erfüllung verwendete Gegenstand durch die Obligation nicht von vornherein bestimmt ist. Vielmehr muß auch er so lange als nur bestimmbar bezeichnet werden, als der Schuldner eine rechtswirksame Auswahl (§ 243 Abs. II) nicht getroffen hat. Als Unterschied bleibt einzig die Weite des Rahmens, innerhalb dessen der Schuldner auswählen kann. Die Bestimmung dieses Rahmens ergibt

---

[11] Vgl. dazu *Wollschläger* S. 43 (FN 49): *Azo* S. Cod. 4, 48 n 3; im Anschluß an *Dilcher* Theorie der Leistungsstörungen S. 278 ff., insbesondere die in FN 7 (S. 279) genannten Stellen.
Zur Bedeutung dieser Parömie vgl. *E. Heymann* S. 158 ff.
[12] Vgl. die Lehrbücher zum Schuldrecht, beispielsweise *Larenz* § 11 I S. 120; *Esser* SAT § 18 I S. 111 f.
[13] *Jörs-Kunkel* Römisches Privatrecht § 56; *Kaser* § 112 S. 397 ff.
[14] Die Vertretbarkeit des Geldes wird häufig für § 279 herangezogen. Darauf verweist zu Recht *Simitis* aaO. S. 445.

sich aber nicht aus objektiven Kriterien, sondern aus dem Verpflichtungsgeschäft. Unterschiede in der Weite der Bestimmung sind daher als Kriterium für die Unterscheidung Spezies- — Gattungsschuld unbrauchbar[15]. Dies übersieht, wer formalistisch argumentierend vorbringt, eine Vorratsschuld sei eine Schuld, die den Teil einer species zum Gegenstand habe, der Teil einer species aber könne unmöglich zur Gattung werden[16]. Im übrigen scheint auch dieses Problem seit dem BGB nicht mehr umstritten, nachdem bereits die Motive[17] die Möglichkeit aufzeigten, eine derartige Verpflichtung als eine generische zu bezeichnen.

f) Genusschuld — alternative Obligation

Schon in den Motiven allerdings bleibt an dieser Stelle offen, ob derartige Leistungsverpflichtungen — Leistung *aus* einem Vorrat oder *aus* einer Sachgesamtheit — immer als generische Leistungen bezeichnet werden müssen oder ob und wann sie zur Klasse der „alternativen Obligationen" zu zählen sind[17]. Die Motive überlassen diese Frage bewußt einer Einzelfallinterpretation. Wichtig soll ihrer Meinung nach sein, worauf die Parteien das Hauptgewicht legten, „auf die in der näher bezeichneten Menge befindlichen Individuen"[17] oder auf die Beschränkung auf eine bestimmte Menge. Auch die gründliche Untersuchung von Kisch[18] erbrachte keine *anderen* Kriterien, sondern nur verfeinerte Indizien zur Anwendung dieses Kriteriums.

Danach ist also — so ein Beispiel von Larenz[19] — wenn A dem B ein Jungtier aus dem Wurf seiner Hündin Bella verspricht, eine Gattungsschuld dann anzunehmen, wenn die Parteien sich bei dieser Vereinbarung die Hunde als im wesentlichen gleich — entscheidend nur die Zugehörigkeit zu diesem Wurf — vorgestellt haben. Dagegen wäre Wahlschuld dann zu bejahen, wenn die Parteien die Tiere als Individuen mit ihren jeweiligen Vorzügen und Nachteilen vor Augen gehabt und gerade deshalb die Wahl dem einen der Vertragspartner überlassen haben[20].

---

[15] Daß die sprachliche Bedeutung des Wortes „Gattung" hier der Annahme einer Gattungsschuld nicht widerspricht, hat schon *Kisch* Gattungsschuld — Wahlschuld S. 57 überzeugend dargetan.
[16] So z.B. *Brinz* Pand. Bd. II 1. Abt. (2. Aufl.) S. 101; Darstellung des Streitstandes S. 100 FN 6.
[17] *Motive* Bd. II S. 11.
[18] *Kisch* Gattungsschuld — Wahlschuld. Vor allem § 7, S. 123 ff. Zusammenfassung: S. 182.
[19] § 11 II S. 124.
[20] Wobei sich daraus dann die Konsequenz ergibt, daß der Verkäufer bei Annahme einer Gattungsschuld nicht den schlechtesten Hund wählen darf (§ 243 Abs. 1), während bei der Annahme einer Wahlschuld eine derartige Einschränkung des Wahlrechts nicht vorliegt.

Danach ist Gattungsschuld zunächst also eine Sachschuld, deren Leistungsobjekte bis zu einer rechtlich wirksamen Auswahl (§ 243 Abs. II) des Schuldners unbestimmt, aber innerhalb eines durch den Verpflichtungsvertrag abgesteckten Rahmens bestimmbar sind, wenn die Parteien sie sich bei Vertragsschluß nicht als Einzelgegenstände vorgestellt haben[21].

2. Der Begriff des Unvermögens

Der Begriff des Unvermögens interessiert hier — wie schon oben erwähnt — zunächst nur als Gegensatz zu dem Begriff der Unmöglichkeit.

Die schon in den Digesten zum Ausdruck kommende[22] Unterscheidung zwischen Unmöglichkeit und Unvermögen wurde vor allem von Savigny[23] und Fr. Mommsen[24] in das deutsche Recht eingeführt. Sie wurde nicht zuletzt wegen des Ansehens, das der letztere bei den Vätern des BGB genoß, und dank Windscheid in das BGB übernommen.

Während Savigny und auch Mommsen die Unterscheidung noch danach trafen, ob die Unmöglichkeit „in der Natur der Handlung an sich" oder in den besonderen Verhältnissen des Schuldners begründet sei, findet sich bei Windscheid[25] die Unterscheidung in der Formulierung: Unmöglichkeit an sich = Unmöglichkeit und Unmöglichkeit nur für den Schuldner = Unvermögen. Damit wird, wie Titze[26] richtig bemerkt, auch *der* Fall der Unmöglichkeit zugeordnet, in dem es bei der „Leistung auf die Person des Schuldners ankommt und die persönliche Leistung aus objektiven Gründen unmöglich geworden ist"[27].

Da der in § 279 verwendete Begriff des Unvermögens mit dem in § 275 Abs. II identisch ist, kann man den Bereich des Unvermögens im Gegensatz zur Unmöglichkeit so eingrenzen: mit ihm sollen nur

---

[21] Entscheidend ist, daß die Unterscheidung species — Gattung den Vertrag aber nur insoweit berücksichtigt, als die Bestimmung der Art, somit die Bestimmung des Rahmens, aus dem geleistet wird, festgelegt ist. Der Unterschied wird im BGB nicht in einem notwendig verschiedenen Verhalten des Schuldners (so *Ballerstedt*) gesehen, sondern allein in der Bestimmbarkeit und dem sich aus ihr ergebenden Unterschied in der Obligation. Genusschuld: viele Dinge — alle aus der durch den Vertrag bestimmten Art — können Gegenstand der Leistung werden! Speziesschuld: nur das von den Parteien in's Auge gefaßte Stück kann geleistet werden!
[22] Vgl. die bei *Savigny* Obl. Recht Bd. I S. 385 zit. Venulejusstelle 45, 1, 137, 4—5.
[23] Obl. Recht Bd. 1 S. 384.
[24] Bd. I S. 5.
[25] *Windscheid* Pandekten (9. Aufl.) Bd. II § 264, 1, S. 92.
[26] *Titze* Unmöglichkeit S. 67.
[27] So wörtlich die *Motive* Bd. II S. 45 ff.; *Rabel* Unmöglichkeit S. 31 bezweifelt die Richtigkeit dieser Einordnung.

solche Leistungsstörungen erfaßt werden, die gerade bei dem Schuldner die Unfähigkeit bewirken, die geschuldete Leistung zu erbringen, ohne dabei die Leistungsfähigkeit Dritter zu berühren[28].

3. Vertretenmüssen

Den Begriff des Vertretenmüssens verwendet das BGB immer nur in Normen zur Haftungsfrage (§§ 275, 276, 280, 282, 283, 285, 287, 323, 324, 325)[29]. Krückmann hat nachgewiesen[30], daß der Ausdruck „Verschulden vertreten" in der Terminologie des BGB soviel wie auf Schadensersatz haften heißt. Hingegen könne die Folge davon, daß ein Umstand vertreten werden müsse, sehr verschieden sein. Es könne nämlich den Verlust von Befugnissen oder das Entstehen von Ersatzansprüchen, die keine Schadensersatzansprüche sind, bedeuten[31]. Jedoch muß auch Krückmann zugeben[32], daß eine Schadensersatzpflicht auch dann Rechtsfolge sein kann, wenn *nur* von Vertreten eines Umstandes die Rede ist und daß dies vor allem der Fall ist bei den Vorschriften zur Unmöglichkeit, nämlich bei den §§ 275, 280, 282, 283, 285, 323, 324, 325.

In § 279 ist nun weder die Rede von „Vorsatz, Fahrlässigkeit, Verschulden vertreten"[33] noch von „einen Umstand vertreten", sondern hier wird davon gesprochen, daß das Unvermögen zu vertreten sei; der Begriff Verschulden erscheint nur in dem Nebensatz „wenn ihm ein Verschulden nicht zur Last fällt".

Allerdings können die oben aufgezählten Normen des Unmöglichkeitsrecht schlecht zum Beweis dafür herangezogen werden, daß der Begriff „vertreten" regelmäßig die Pflicht zur Schadensersatzleistung bezeichnet. Denn der Begriff „Umstand" verweist in diesen Normen auf § 276. Damit ist auch in diesen Beispielen auf „Verschulden vertreten" Bezug genommen. Dennoch kann aus der Tatsache, daß der Begriff „Vertretenmüssen" viele Folgen haben kann, noch nicht schlüssig bewiesen werden, daß auch in § 279 mit dem Begriff „vertreten" nicht die Pflicht zur Leistung von Schadensersatz umschrieben

---

[28] So die heute einhellige Meinung. Darauf, daß § 279 nichts darüber sagt, wann Unvermögen vorliegt, in § 279 vielmehr der allgemeine Begriff des Unvermögens maßgebend ist, verweist zu Recht *Medicus* JuS 66, 298.
[29] Vgl. die eingehende Untersuchung *Krückmanns* Unmöglichkeit § 8, S. 190 ff. über die Bedeutung und die Rechtsfolge des Begriffs „vertreten".
[30] *Krückmann* aaO. S. 193.
[31] Ders. aaO. S. 194.
[32] aaO. S. 194.
[33] Wie z. B. in den §§ 276, 278, 287, 300 Abs. I, 521, 524, 664 Abs. I.

II. Begriffe im einzelnen

werden soll. Vielmehr besagt sowohl die Stellung innerhalb der Normen über die Unmöglichkeit als auch die Beifügung des Nebensatzes „auch wenn ihm ein Verschulden nicht zur Last fällt", eindeutig, daß das „Unvermögen vertreten" hier gerade ohne Verschulden dieselbe Bedeutung haben soll wie üblicherweise mit Verschulden. Verschulden vertreten müssen — das ist oben schon ausgeführt worden — bedeutet aber die Pflicht zur Leistung von Schadensersatz[34]. Der von Krückmann[35] dem § 279 zunächst entnommene Sinn: Schuldlosigkeit vertreten = Schuld vertreten ist dann aber nicht nur eine mögliche Auslegung, zu der uns das Gesetz nicht zwingt, sondern die einzig mögliche. Krückmann verneint sie nur, um seine Einredetheorie — auf die in diesem Rahmen nicht näher eingegangen werden kann — konsequent durchhalten zu können[36]. Insofern kann der Hinweis Krückmanns also nicht dafür benutzt werden, die von § 279 angeordnete Rechtsfolge zu umgehen[37]. Rechtsfolge des § 279 bleibt vielmehr die Umwandlung der ursprünglichen Leistungspflicht in eine Schadensersatzpflicht.

Ebensowenig aber ergibt sich in dieser Frage eine Zweideutigkeit aus den Motiven[38]. Denn wenn die Motive davon sprechen, daß das persönliche Leistungsvermögen keinen Einfluß auf die Verbindlichkeit des Schuldners habe[39], so beruht das nur darauf, daß nach dem E I das Unvermögen als Kategorie der Leistungsstörungen nur in einer Ausnahme — nämlich bei Leistung einer species (§ 237 Abs. II) — anerkannt werden, im übrigen aber *zugunsten* des Schuldners keinen Einfluß auf seine Verbindlichkeit haben sollte[40]. Daraus ergibt sich aber konsequent, daß § 279 durch den Begriff „Unvermögen vertreten" genauso die Rechtsfolge der Schadensersatzpflicht anordnet, wie die Normen, in denen der Begriff „Verschulden vertreten" verwandt wird[41].

---

[34] So auch *Motive* Bd. II S. 45, 46; *Protokolle* Bd. I S. 314—316.
[35] *Krückmann* Unmöglichkeit S. 132.
[36] Vgl. wörtlich S. 132 Mitte: § 279 hat demnach den Sinn: der Schuldner wird nicht in allen Fällen befreit. „Mit dieser Negation läßt sich dem § 279 ausreichend Rechnung tragen, indem ganz in Einklang mit der hier vertretenen Einredetheorie festgehalten wird: der Schuldner bleibt verpflichtet."
[37] So aber *Roth* JuS 68, 106.
[38] Offensichtlich glaubt dies *Roth* aaO. S. 106, wenn er aus der Zweideutigkeit der Motive entnehmen will, daß man § 279 zumindest keinen unzulässigen Zwang antue, wenn man aus ihm die Rechtsfolge: Aufrechterhaltung des Leistungsanspruchs lese.
[39] *Motive* Bd. II S. 45.
[40] Insofern liegt zwischen der Regelung des E I in § 237 Abs. I und der des BGB in § 275 Abs. II eben doch ein Unterschied vor, als die grundsätzliche Veränderungswirkung des Unvermögens auf die Obligation anerkannt wurde.
[41] Streit und Ergebnis mögen akademisch, ja geradezu begriffsjuristisch erscheinen, weil die üblichen Fälle der Nichterbringung einer Leistung doch mit dem Mittel des Verzugs erfaßt werden. Jedoch gibt es im Bereich der Vorratsschulden auch Fälle, in denen der weiterbestehende Leistungsan-

Fikentscher[42] und Roth[43] kann also schon aus diesem Grund nicht zugestimmt werden, wenn sie meinen, aus § 279 ergebe sich, daß bei Gattungsschulden weiter auf Erfüllung anstatt auf Schadensersatz gehaftet werde.

4. „Solange die Leistung aus der Gattung möglich ist"

Durch diesen Begriff wird die Grenze der Anwendbarkeit des § 279 aufgezeigt. Unmöglichkeit bei einem nur im Rahmen des Verpflichtungsgeschäfts bestimmbaren Leistungsgegenstand kann nur dann angenommen werden, wenn kein Dritter eine so bestimmbare Leistung mehr erbringen kann. Die Gattung, aus der der Schuldner zu leisten versprochen hat, muß also auch für jeden Dritten unerreichbar sein[44]. Damit übersetzt § 279 nur den bei Speziesschulden geltenden Unmöglichkeitsbegriff für den Bereich der Gattungsschuld[45].

a) Daraus folgt: die aus § 279 sich ergebende Ausnahme von § 275 Abs. II hat ihre Grenze bei der Unmöglichkeit. Liegt Unmöglichkeit vor, gelten für die Haftung bei Gattungsschulden keine Besonderheiten mehr, sondern die auch für die Speziesschuld geltenden Vorschriften der §§ 275, 280 i. V. m. § 276. In diesem Bereich ist also wiederum nur Verschulden zu vertreten.

b) Für § 279 gilt kein eigener Unmöglichkeitsbegriff, sondern der allgemein auch für Speziesschulden geltende.

---

spruch deswegen völlig uninteressant wäre, weil der Schuldner — z. B. durch Diebstahl — eben doch unvermögend wurde. Will man auch diese Fälle dem Verzug überlassen, wird man nicht umhin können, die Krückmannsche Theorie von der Überflüssigkeit des Unvermögens als Kategorie der Leistungsstörung anzuerkennen (vgl. schon *Titze* Unmöglichkeit S. 70 ff., der das Unvermögen als teilweise Unmöglichkeit, teilweise nämlich in Ansehung der Zeit, bezeichnet S. 71).

[42] Schuldrecht (1. Aufl.) § 44 II 2 b, S. 190 und § 28 III 3 a S. 119. Zwar erkennt *Fikentscher* § 44 II 1 S. 215 nunmehr, daß der Wortlaut des § 279 seiner Auslegung widerspricht. Jedoch glaubt er, der Zweck des § 279 erfordere die von ihm vorgenommene Auslegung. Dabei übersieht er, daß die von ihm gewünschte Rechtsfolge sich allein aus § 243 II ergibt. (vgl. dazu auch unten IV 1).

[43] *Roth* aaO. S. 106.

[44] Dabei wird hier wiederum die Unmöglichkeit nur als Gegensatz zum Unvermögen aufgefaßt. Wann eine Unmöglichkeit allgemein vorliegt, z. B. auch bei moralischer oder wirtschaftlicher Unzumutbarkeit, bleibt hier bewußt außer Betracht.

[45] Aus dieser Formulierung kann also nicht — wie *Kisch* Unmöglichkeit S. 118 das tut — gelesen werden, daß durch § 279 lediglich die Entschuldigung der mangelnden Leistungsobjekte abgeschnitten werde.

III. Ergebnis

Eine streng am Wortlaut ausgerichtete Interpretation[46] des § 279 ergibt also, daß der Schuldner einer Gattungsschuld — d. h. einer Verpflichtung zur Leistung eines Gegenstandes aus einer durch die Verpflichtung bestimmten und begrenzten Menge — die subjektive Unmöglichkeit — sein Unvermögen — immer zu vertreten hat und damit zum Schadensersatz verpflichtet wird.

IV. Folgerungen aus der begrifflichen Auslegung

1. „genus perire non censetur"

Die Frage, welche Bedeutung der gemeinrechtlichen Parömie „genus perire non censetur"[47] eigentlich zukommt, ist zweifelhaft. Eine wörtliche Übersetzung würde bedeuten, daß „Gattung nicht untergehen kann." Dieser Satz ist aber vor allem dann eklatant unrichtig, wenn man auch die Verpflichtung zur Leistung eines Gegenstandes aus einem Vorrat oder einer Sachgesamtheit als Gattungsschuld bezeichnet[48]. Selbst wenn man die Vorratsschuld aus dem Bereich der Gattungsschuld ausklammert, bleibt die Aussage der Parömie nur dann einigermaßen richtig, wenn man „Untergang" im rein physikalischen Sinn versteht.

Welche Bedeutung diese Parömie bei der Anwendung des klassischen römischen Rechts gehabt haben könnte, wird unten noch zu behandeln sein. Hier interessiert zunächst nur die Auslegung, die diesem Begriff von vielen, auch neueren, Schriftstellern beigelegt wird. Danach besagt — wie Planck formuliert[49] — genus perire non censetur nur, daß der Schuldner zu der primär geschuldeten Leistung verpflichtet bleibt, wenn er vor der Konkretisierung (§ 243 Abs. II) einen zur Leistung bestimmten und geeigneten Gegenstand verliert.

Die heute noch in einigen Lehrbüchern und Kommentaren vorherrschende Meinung, daß § 279 den so verstandenen Grundsatz „genus

---

[46] Daß der Wortlaut einer Norm, wie er von dem historischen Gesetzgeber verstanden wurde, nicht einzige Grundlage richterlicher Interpretation sein kann, wird auch hier nicht verkannt. Die begriffliche Interpretation ist hier daher nur Ausgangspunkt.
[47] *Azo* S. Cod. 4, 48 n 3: quod in genere debetur, perire non potest (vgl. *Wollschläger* S. 43).
[48] Auf die Unrichtigkeit dieses Satzes bei solcher Interpretation des Begriffs Gattungsschuld haben schon hingewiesen: *Kuhlenbeck* aaO. S. 23; *Staudinger-Kuhlenbeck* Anm. 2 zu § 279 und *Hartmann* Die Obligation S. 254.
[49] *Planck* § 279 Anm. 1 a.

perire non censetur" erfasse[50] und demnach nur besage, daß der Gattungsschuldner nicht frei werde, wenn eine von ihm zum Leistungsgegenstand erwählte Sache zufällig untergehe[51], übersieht die begrifflichen Voraussetzungen des § 279. Sie könnte nur dann gutgeheißen werden, wenn die durch die Parömie umschriebene Rechtsfolge nur über § 279 eintreten könnte.

a) Genus perire non censetur — wie oben verstanden— behandelt die Primärleistungspflicht, § 279 aber formuliert: Vertretenmüssen. Folge des Vertretenmüssens aber ist gerade nicht die Fortdauer des Primäranspruchs, sondern eine Ersatzpflicht wegen Nichterfüllung oder Erfüllungsverzögerung. Der Leistungsanspruch wird also durch einen Sekundäranspruch ersetzt[52].

b) Daß die Leistungsverpflichtung des Gattungsschuldners durch den Untergang einer von ihm für die Leistung vorgesehenen, aber noch nicht konkretisierten Gattungssache nicht berührt wird, ist eine Feststellung, zu der auch nicht etwa der Rechtsgedanke des § 279 herangezogen werden muß. Ebensowenig ist diese Feststellung etwa nur möglich, wenn man auf den Willen des Gesetzgebers abstellt, der diesen Satz durch § 279 möglicherweise ausgesprochen wissen wollte[53]. Denn dieser Satz ergibt sich einmal aus der tatsächlichen Eigenheit der Gattungsschuld selbst[54]. Zum anderen hat er seinen gesetzgeberischen Ausdruck schon in § 243 Abs. II bekommen, dem er durch einen einfachen Schluß e contrario zu entnehmen ist.

aa) Solange die Gattungsschuld, und zwar auch die einfache Vorratsschuld, nicht konkretisiert ist, kennt sie noch keinen speziellen Leistungsgegenstand. Dies ist eben der sich aus der Unbestimmtheit

---

[50] *Blomeyer* § 12 III 2, S. 53; *Rabel*, Recht des Warenkaufs Bd. I S. 340.
[51] *Fikentscher* § 28 III 3 a S. 139 und § 44 II 1 S. 215; offensichtlich auch *Larenz* § 11 I S. 119, wenn er schreibt: „Wird das Exemplar, das der Gattungsschuldner liefern wollte, durch einen Brand vernichtet, muß er ein anderes Exemplar aus seinem Lager liefern und, wenn er keines mehr auf Lager hat, eines beschaffen, um seiner Leistungspflicht nachzukommen. Denn da er ja nicht „dieses" jetzt verbrannte, sondern irgendein Exemplar schuldete, ist die von ihm geschuldete Leistung nicht unmöglich geworden." Und dann einige Zeilen weiter: „Das Gesetz drückt dies in § 279 nicht sehr glücklich aus."
[52] So schon *Planck* 4. Aufl. § 279 Anm. 1 a.
[53] So *Titze* Unmöglichkeit S. 92; auch wohl *Larenz* § 11 I S. 119. Dieser Satz erfordert demnach auch keine abwägende Begründung etwa in dem Sinn, daß der Schuldner bis zur Konkretisierung die Möglichkeit der Auswahl habe und aus diesem Grund auch das Risiko des Untergangs eines zur Leistung geeigneten Gegenstands tragen müsse.
[54] Für selbstverständlich und nicht regelungsbedürftig hielt auch *Titze* Unmöglichkeit S. 92 diesen Satz.

des Leistungsgegenstandes ergebende Unterschied zur Speziesschuld. Daraus folgt, daß nicht einzelne mögliche Leistungsgegenstände mit der Obligation verknüpft sind, sondern nur die Gesamtheit aller möglichen Leistungsgegenstände. Fehlt aber die Verknüpfung eines Gegenstandes mit dem Schuldverhältnis, ist es völlig selbstverständlich, daß der Untergang eines solchen Gegenstandes die aus der Obligation sich ergebende Leistungsverpflichtung nicht berührt. Niemand käme auf den Gedanken, die Leistungsverpflichtung eines Speziesschuldners zu überprüfen, in dessen Bereich eine andere als die zu leistende species untergeht. Dasselbe gilt dann aber aus denselben Gründen bei der Verpflichtung zur Leistung aus einer Gattung. Die Verknüpfung der Gesamtheit der möglichen Leistungsgegenstände mit der Obligation, die keine Verknüpfung zwischen Obligation und einzelnen möglichen Leistungsgegenständen bewirkt, kann also den Grundsatz „casum sentit dominus" nicht berühren[55].

bb) § 243 Abs. II behandelt in unserem Sinn also die Verknüpfung der Obligation mit einem einzelnen der möglichen Leistungsgegenstände. Erst nach der Konkretisierung ist der bei Speziesschulden geltende Zustand, daß sich die Obligation — d. h. das Vorliegen von Unvermögen und Unmöglichkeit — nach dem Schicksal der Sache ausrichtet, eingetreten. Daraus ergibt sich, daß dies vor der Konkretisierung nicht der Fall war.

Zu Recht kann also gesagt werden, daß die gemeinrechtliche Parömie „genus perire non censetur" in der oben aufgezeigten Auslegung mit § 279 nichts zu tun hat. Sie kann nur gewaltsam in diese Norm hineininterpretiert werden[56]. Diese Gewalt ist aber überflüssige Kraftanstrengung. Denn einmal hat der mit der — so verstandenen — gemeinrechtlichen Parömie umschriebene Rechtsgedanke deutlichen Ausdruck in § 243 Abs. II (Umkehrschluß) gefunden. Zum anderen ist diese Regel im System des BGB eine Selbstverständlichkeit, die gesondert auszusprechen der Gesetzgeber mit Grund für überflüssig gehalten hat.

2. Die Beschaffung einer Spezies-Sache

§ 279 spricht eindeutig von einem der Gattung nach bestimmten Gegenstand. Ein spezieller Gegenstand, den der Schuldner zu leisten verspricht, kann unter diesen Begriff an sich mit keinerlei methodischen Mitteln subsumiert werden. Eine entsprechende Anwendung des

---

[55] So auch schon *Brinz* Pand. Bd. II 1. Abt. (2. Aufl. 1879) S. 98 und 103.
[56] So schon *Planck* 4. Aufl. § 279 Anm. 1 a.

§ 279 auf die Verpflichtung zur Beschaffung einer species aber ist nur dann ohne weiteres möglich, wenn § 279 einen auch für derartige Verpflichtungen allgemeingültigen Obersatz enthielte[57]. Ein solcher könnte dann angenommen werden, wenn § 279 davon ausginge, daß im Regelfall der Gattungsschuld der Schuldner den Leistungsgegenstand werde beschaffen müssen. Wer dies annimmt, übersieht aber, daß mit der Anerkennung der Vorratsschuld ein weiter Bereich von Gattungsschulden erschlossen wurde, dem eine Beschaffungspflicht des Schuldners unbekannt ist. Er übersieht weiterhin, daß für § 279 entscheidendes Abgrenzungskriterium zwischen Spezies- und Gattungsschuld ursprünglich nicht etwa ein verschiedenes *Leistungsverhalten* war, sondern nur der in der Bestimmtheit des Leistungsgegenstandes liegende Unterschied.

3. Die Behandlung von Geldschulden

Bei der Untersuchung der Frage, ob auch für die Geldschuld nach § 279 gehaftet wird, ist vor allem darauf zu achten, ob dem Geld Sachqualität zuzuschreiben ist[58]. Das wird ohne Zweifel dann zu bejahen sein, wenn Stücke einer bestimmten Münzsorte geschuldet werden[59]. Zweifelhaft dagegen erscheint diese Frage in den Fällen der normalen Geldschuld, in denen für die Parteien die einzelnen Geldscheine oder -stücke uninteressant sind. Am deutlichsten wird die Fragestellung in den Fällen des bargeldlosen Zahlungsverkehrs[60].

Auch die Anwendung des § 279 auf Geldschulden kann also nicht ohne weiteres als problemlos bezeichnet werden und hat ebenfalls mindestens begriffliche Hürden zu übersteigen.

4. Die Haftung bei Mittellosigkeit

Über die Frage der Mittellosigkeit macht § 279 keine Aussage. In den Gesetzesmaterialien findet sich nichts, was darauf hindeuten könnte, daß § 279 den Grundsatz der Garantiehaftung für finanzielle Liquidität enthalte.

---

[57] Einen solchen Obersatz scheint neuerdings *Esser* SAT § 33 IV 2 S. 211 abzulehnen.
[58] Vgl. *Simitis* aaO. S. 445; *Larenz* § 12 III S. 132.
[59] In diesem Fall ist auch unumstritten, daß je nach Bestimmtheit des Leistungsgegenstandes Stück- oder Gattungsschuld vorliegt. *Larenz* § 12 III S. 133.
[60] Darauf verweist mit Recht *Medicus* JuS 66, 305.

IV. Folgerungen aus der begrifflichen Auslegung   29

In den Motiven bedurfte ein derartiger, auf Geldmittelmangel beschränkter Fall des Unvermögens schon deswegen keiner besonderen Erläuterung, weil im E I das subjektive Unvermögen, gleichgültig, auf welchen Gründen es beruhte und welche Leistung es betraf, grundsätzlich als unbeachtlich bezeichnet wurde. Von diesem Grundsatz machte man in § 237 Abs. II nur eine Ausnahme für den Fall, „daß ein individuell bestimmter Gegenstand zu leisten ist und der Schuldner aus einem nicht zu vertretenden Umstand nachträglich außer Stand gesetzt wird, denselben zu leisten"[61].

Wie die Motive erwähnen auch die anderen Gesetzesmaterialien das Problem der finanziellen Illiquidität nicht und zwar auch nicht im Bereich des allgemeinen Vertretenmüssens. Daraus, daß dieses Problem überhaupt nicht — auch nicht im Rahmen des § 279 — behandelt wird, kann geschlossen werden, daß durch § 279 nicht die Haftung für finanzielle Illiquidität besonders geregelt werden sollte. Aus diesem Grund kann nicht angenommen werden, daß § 279 nach dem Willen des Gesetzgebers etwa eine verfehlte Formulierung des Grundsatzes der unbedingten Haftung für Geldmittelmangel darstellen sollte[62].

5. Eine Nichtanwendung auf persönliche Leistungshindernisse

Aus § 279 folgt die Haftung des Schuldners ohne jede Entlastungsmöglichkeit ausnahmslos für alle Leistungshindernisse, die sein Unvermögen bewirken. Im Gegensatz zu den §§ 275, 280, 276 differenziert § 279 das Vertretenmüssen gerade nicht danach, auf welchem Umstand das Unvermögen des Schuldners beruht. Also kann bei der Anwendung des § 279 an sich auch nicht danach unterschieden werden, ob das jeweilige Leistungshindernis mit der besonderen Natur der Gattungsschuld zusammenhängt oder nicht[63].

---

[61] *Motive* Bd. II S. 46.
[62] Ob § 279 inzwischen als gesetzlicher Ausdruck des Grundsatzes der Garantiehaftung für finanzielle Liquidität bezeichnet werden kann, wird unten (§ 9) zu behandeln sein. Ebenso die Frage, ob dieser Grundsatz nur Gültigkeit beanspruchen kann, wenn er gesetzlich geregelt ist.
[63] Aus der Formulierung des § 279 kann entgegen *Planck* Anm. 3 zu § 279 und *E. Heymann* S. 160 FN 368 auch dann nichts anderes herausgelesen werden, wenn man „sein Unvermögen zur Leistung" um die Worte „aus der Gattung" ergänzt.

§ 3: Entstehung des § 279

I. Römisches Recht

Wie alle Normen des BGB zu den Leistungsstörungen des Unvermögens und der Unmöglichkeit hat auch § 279 seine Wurzel im römischen Recht[1].

1. Dem römischen Recht war die Möglichkeit der unterschiedlichen Bestimmtheit der Leistungsgegenstände und damit auch der Unterschied zwischen Speziesschuld und Gattungsschuld bekannt[2]. Dabei finden sich in den Quellen sowohl Fälle der Vorratsschuld[3] als auch Fälle der Verpflichtung zur Leistung einer bestimmten Menge vertretbarer Sachen[4].

2. Die Prüfung, inwieweit die Bestimmtheit des Leistungsgegenstandes die Haftung des Schuldners beeinflußte, erfordert ein kurzes Eingehen auf die römischen Kategorien der Leistungsstörungen. Da die Kategorien der Leistungsstörungen wiederum von der Klageart abhängig waren, ist auch die Unterscheidung des römischen Rechts in actiones stricti iuris[5] (strengrechtliche Klagen) und in actiones bonae fidei (freie Klagen) zu erläutern. Diese Unterscheidung richtete sich nach der Weite des Ermessensspielraums, der dem Richter bei der Beurteilung der schuldnerischen Leistungspflicht zustand[6]. Bei den sogenannten actiones stricti iuris blieb dem Richter nur die Wahl zwischen Freispruch oder Verurteilung gemäß der durch die Formel genau umschriebenen Leistungspflicht des Schuldners[7]. Hingegen war durch die actiones bonae fidei, mit ihrer formula incerta, der Gegenstand des Klagebegehrens nicht festumgrenzt. Vielmehr war dem Richter hier auch die Feststellung überlassen, welchen Inhalt die Leistungspflicht des Schuldners hat[8].

---

[1] Zur Entstehungsgeschichte der Unmöglichkeitsregeln insgesamt vgl. *Wollschläger;* auch *Rabel* Unmöglichkeit S. 26 ff.
[2] *Kaser* Römisches Privatrecht § 34 III 2 S. 135.
[3] Vinum ex illo doleareo — *Jörs-Kunkel* Römisches Privatrecht § 140, 3 S. 227 FN 5.
[4] Paul D. 12, 1, 2, 1; *Kaser* Römisches Privatrecht § 18 I 3 c, aa S. 76.
[5] Iudicia stricta und stricti iuris sind nach *Kaser* nachklassische, vielleicht erst byzantinische Bildungen. Kaser § 114 III S. 406 FN 3 mit Hinweis auf *Pringsheim* SZ 42 (1921), 643 ff.
[6] Vgl. *Kaser* § 114 S. 405 und § 115 S. 408 ff.
[7] *Kaser* § 115 II 2 S. 409. Teilweise Obsiegen gab es also nicht.
[8] *Ders.* § 115 II 4 S. 411.

a) Bei den strengen Klagen war der Bestand der obligatio und damit auch der actio verknüpft mit dem Vorhandensein oder Nichtvorhandensein des zu leistenden Gegenstandes. Das bedeutete, daß der Untergang des Leistungsgegenstandes nach dem Grundsatz impossibilium nulla est obligatio[9] den Untergang auch der obligatio bewirkte. Dagegen waren an anderen Formen der Leistungsstörungen nur noch der hier zunächst nicht interessierende Schuldnerverzug bekannt[10], nicht jedoch das Unvermögen. Die anspruchsvernichtende Wirkung des Untergangs des zu leistenden Gegenstands wurde dabei durch das Hilfsmittel der perpetuatio obligationis in einigen Fällen eingeschränkt. So beispielsweise bei Untergang während Schuldnerverzugs oder wenn der Untergang auf positivem Tun des Schuldners beruhte[11]. Diese Einschränkung erfolgte allerdings nur bei völliger Unmöglichkeit der Sachleistung und nicht bei bloßer Verschlechterung[12]. Das Unvermögen, die Unzumutbarkeit oder andere Formen der befreienden Leistungserschwerung bleiben im Bereich der strengrechtlichen actiones unbeachtlich. Entgegen Fr. Mommsen[13] haben Kaser[14], E. Heymann[15] und Genzmer[16] nachgewiesen, daß anfängliches wie nachträgliches Unvermögen die Existenz der strengen obligatio überhaupt nicht antastete. Der Schuldner wurde in diesem Fall also auch bei völliger Schuldlosigkeit nicht befreit[17]. Dabei war die Frage, ob dem Gläubiger in diesen Fällen der Primäranspruch zustand oder der Sekundäranspruch, für die Römer uninteressant, weil im römischen Zivilprozeß der Grundsatz der Geldkondemnation galt[18]. Auch in den Fällen der möglichen Leistung brachte eine Klage dem Gläubiger also immer nur einen „Geldausgleich"[19]. Aus diesem Grund genügte es, in

---

[9] *Ders.* § 115 III 1 S. 411 FN 17 und § 119 I 1 u. 2 S. 428.
[10] Vgl. *Kaser* § 119 S. 429.
[11] Vgl. *Genzmer* aaO. S. 100 mit Quellen; a. A. noch *Rabel* Grundzüge S. 482. Der zweite Fall wurde später erweitert.
[12] Noch Labeo läßt den Schuldner nach D. 4, 3, 7, 3 frei werden, wenn er die verschlechterte Sache leistet, weil sie immerhin die geschuldete ist und verweist den Gläubiger auf die actio de dolo! *Kaser* § 119 I 2 S. 429.
[13] *Mommsen* Bd. I S. 32 wird neuerdings kritisiert auch von *Wieacker* Festschrift für Nipperdey S. 783 ff.
[14] *Kaser* Römisches Privatrecht S. 146; *ders.* Handbuch, § 119 I 2 S. 428 FN 3 mit Verweis auf Ulpian D 30, 53, 4; 71, 3 (Beseler V, 49); Gai D 32, 14.2; *Kaser* in Paulys Realenzyklopädie der klassischen Altertumswissenschaft 31. Halbband „Mora".
[15] *E. Heymann* S. 22 f., 35 f.
[16] *Genzmer* aaO. S. 123 f.
[17] Typischerweise ging auch *Savigny* Obl. Recht Bd. I S. 384 von der rechtlichen Unbeachtlichkeit des Unvermögens aus.
[18] *Jörs-Kunkel* § 107, 2 a S. 170; Gai 4, 48; vgl. auch *Rabel* Grundzüge S. 484 f.
[19] Im Prozeßwege waren lediglich Geldleistungen erzwingbar — eine jede nicht schon von vornherein auf eine Geldleistung gerichtete Forderung verwandelte sich mit Abschluß des Streitvertrages (litis contestatio) notwendi-

den Fällen der zu vertretenden Unmöglichkeit (Verzug und positives Tun des Schuldners) durch die perpetuatio allein den Weiterbestand der alten obligatio zu fingieren. Eine besondere Schadensersatzregel war überflüssig.

b) In den Fällen der bonae fidei iudicia hingegen liegt eine Verknüpfung zwischen dem Schicksal des Leistungsgegenstandes und dem Bestehen der Obligation nicht vor. Daher bedarf es beispielsweise der Hilfskonstruktion der perpetuatio obligationis hier nicht, wenn der Leistungsgegenstand untergeht[20]. In den Fällen der freirechtlichen Obligation galt also nicht, daß jede nachträgliche Unmöglichkeit und nur sie die Obligation durchschneidet, sondern der Vertrag bindet solange, als nicht ein Teil von ihm befreit wird[21].

Daraus folgt, daß die bonae fidei iudicia besonderer Kategorien der Leistungsstörungen nicht bedurften, um die Befreiung des Schuldners von der Leistungspflicht zu erreichen[22]. Anknüpfungspunkt war vielmehr die Nichterfüllung, gleichgültig, wie geartet der Umstand war, der die Leistungserbringung verhindert hatte. Da der Schuldner in der Regel nur schuldete, quidquid dare facere oportet ex fide bona, wurde er von seiner Leistungspflicht frei, wenn er sich gemäß Treu und Glauben verhalten hatte. Für die Haftung des Schuldners war also entscheidend, daß er die durch den Vertrag übernommenen Verhaltenspflichten erfüllte und somit das ihn an der Erfüllung seiner Leistungspflicht hindernde Ereignis nicht „verschuldet" hatte. Daraus folgt wiederum, daß sich der Begriff des Verschuldens nach der im Vertrag übernommenen Haftung richtet[23].

---

gerweise in einen Geldanspruch, wurde also, modern gesprochen, zu einem Schadensersatzanspruch.
Medicus SZ 86 (1969), 68 folgert daraus, daß im römischen Recht der Sachzwang fehlte, das Unvermögen schon im materiellen Recht zu berücksichtigen.

[20] *Kaser* § 119 I 3 S. 429; *ders.* Realenzyklopädie aaO. C c 2; *Siber* Römisches Privatrecht S. 251; *Genzmer* aaO. S. 115.

[21] Wenn *Roth* aaO. S. 102 rechte Sp. in dem Satz: „Der Schuldner wird frei, sofern er nicht mehr verpflichtet sein soll" einen Zirkelschluß sieht, übersieht er einmal, daß die Verpflichtung des Schuldners sich primär aus dem Vertrag ergibt, d. h., daß in seinem Satz ergänzt werden muß „aus dem Vertrag verpflichtet sein soll" und daß diesen Satz auch schon die Römer zu einem Haftungssystem ausgebaut haben.

[22] *Medicus* SZ 86 (1969), 103 ff.: „Die nachträgliche Unmöglichkeit verliert bei den bonae fidei iudicia ihren Charakter als einziger Grund für die Befreiung des Schuldners und vereinigt sich mit Unvermögen und Leistungserschwerung; maßgebliches Kriterium wird der Haftungsmaßstab."

[23] So wird der Begriff Verschulden in dem Bereich der Custodia-Haftung einen ganz anderen Sinn haben müssen als in Verpflichtungen, in denen nur für echtes Verschulden gehaftet wird. *Rabel* Grundzüge S. 479 will deswegen auch in den Fällen der Custodia-Haftung von „nicht vertreten" sprechen.

Entscheidender Unterschied zwischen den beiden dem römischen Recht bekannten Klagarten und damit Verpflichtungsmöglichkeiten ist also, daß im Bereich der strengrechtlichen Klagen regelmäßig eine Befreiung des Schuldners durch Unmöglichkeit erfolgte. Die Unmöglichkeit war hier der entscheidende zentrale Begriff der befreienden Leistungsstörung. Hingegen erfolgte die Befreiung des Schuldners im Bereich der bonae fidei iudicia nach anderen Kriterien, die von dem Begriff der Unmöglichkeit weitgehend unabhängig waren.

3. Genusschulden aber waren im römischen Recht in der Regel Gegenstand strengrechtlicher Obligationen, mit der Folge, daß nur die objektive Unmöglichkeit den Schuldner befreien konnte.

a) Für das Kaufrecht haben Seckel - Levy[24] in einer ausführlichen Untersuchung dargetan, daß die römischen Quellen den reinen Genuskauf nicht kennen und auch nicht kennen konnten. Das römische Recht ging nämlich von dem Prinzip des Handkaufes aus und regelte daher durch die emptio venditio die Haftung des Verkäufers auch im Bereich der Sach- und Rechtsmängel so, daß diese Gefahrverteilung der besonderen Interessenlage bei Beschaffungsschulden nicht gerecht werden konnte[25]. Der römische Großhandel, der in weitem Umfang existierte, bedurfte also eines anderen Vertragstyps als der emptio venditio. Da die Römer die Typenfreiheit schuldrechtlicher Verpflichtungen nicht kannten[26], eine Verpflichtung also nur durch den Gebrauch eines anerkannten Vertragstyps erreichen konnten, griff der römische Großhandel zu dem Hilfsmittel der stipulatio[27]. Dagegen sind in den Quellen durchaus Beispiele für den Verkauf von Vorratsgegenständen mittels einer emptio venditio zu finden[28]. Nach Ansicht Kasers[29] und Seckel - Le-

---

[24] SZ 47 (1927), 117 ff., 122.
[25] So auch *Brinz* Pand. II 2 § 242 N 17 S. 696, § 327 b, 370 ff.; *Bechmann* S. 331; *Windscheid-Kipp* §§ 386 Nr. 5, 394 Nr. 20; *Dernburg* Pand. II § 94 II 1 a. E.; *Krückmann* Zur Reform des Kaufrechts S. 93 ff.; *Mitteis* SZ 19, 212 Nr. 1; *Kaser* § 131 II 1 S. 457 f., vgl. dort auch die Angaben in FN 11 u. 12 a. A.: *Haymann* Haftung S. 71 ff., 107 f.; *Rabel* Grundzüge S. 474 u. SZ 42, 555; *Heldrich* Verschulden bei Vertragsabschluß S. 21 f.; *Kübler* Geschichte des Röm. Rechts S. 178 Nr. 1; *Kunkel* SZ 46, 287.
[26] Vgl. *Jörs-Kunkel* Römisches Privatrecht § 56; *Kaser* § 112 II S. 399 f.
[27] Die stipulatio konnte auf jede Art der Leistung gerichtet sein und war damit das Mittel, um außerhalb des geschlossenen Kreises der Kontrakte und sonstigen klagbaren Schuldverträge eine prozessual durchsetzbare Obligation zu schaffen. *Kaser* § 128 II S. 450. Vgl. auch *Seckel-Levy* aaO. S. 137; *Jörs-Kunkel* aaO. § 56.
[28] Vgl. die bei *Kaser* § 131 S. 458 FN 13 zitierten Stellen: Gai D 18, 1, 35, 7 Paul D 16.6.5 (2. Teil) und weiter die auf S. 461 FN 39 Genannten.
[29] § 131 IV S. 461.

vys³⁰ waren derartige Kaufverträge möglich, obwohl sie ebenfalls einen unbestimmten Leistungsgegenstand zum Inhalt hatten. Denn in diesen Fällen wurde die dem Handkauf entspringende Regel, daß der Kauf mit dem Vertragsabschluß perfekt werde, erweitert. Perfektion des Kaufes wurde nämlich erst dann angenommen, wenn der zu leistende Gegenstand aus dem Vorrat ausgesondert war. Daß diese Möglichkeit an sich auch bei einem Kauf vertretbarer Sachen bestand, die nicht notwendigerweise aus einem Vorrat geleistet werden mußten, sondern auch auf dem Markt beschafft werden konnten, kann nicht geleugnet werden. Jedoch kann nicht übersehen werden, daß eine *solche* Erweiterung der Perfektion um vieles gewichtiger gewesen wäre als beim Vorratskauf. Hier genügt es festzustellen, daß die Römer einen Genuskauf nicht kannten[31], auf den Verkauf von Vorratsgegenständen jedoch die emptio venditio anwandten. Nach Seckel-Levy[32] trafen die Römer diese Unterscheidung vor allem mit der Absicht, dem Verkäufer einer vertretbaren Gattungssache die Pflicht zur Verschaffung uneingeschränkten Eigentums aufzuerlegen[33]. Für unseren Bericht ist wesentlich: die im Großhandel für die Verpflichtung zur Lieferung von Gattungsschulden verwendete stipulatio war nicht eine eigens und nur für Gattungsschulden gedachte und benutzte Rechtsfigur. Vielmehr konnte sie ebenso für die Verpflichtung zur Leistung von speziell bestimmten Gegenständen verwandt werden. Die stipulatio ist strengrechtlichen Charakters[34]. Die Haftung des Stipulationsschuldners ist also nicht nach der bona fides zu beurteilen.

b) Für das Darlehen verwandten die Römer wiederum die stipulatio[35] oder das mutuum, letzteres jedoch ebenfalls mit der Konsequenz einer

---

[30] aaO. S. 203. Sie wollen aus Ulp. D. 30.47.1 eod. 34.4—6 lesen, daß die Juristen eine Menge aus konkretem Vorrat (fumentum ex illo horreo, vinum ex illis doleis) als certa species erachteten, einen entsprechenden Kauf also als Spezieskauf behandelt haben würden.

[31] Ganz a. A. *Franz Haymann* SZ 48 (1928), 314, 316 u. Iherings Jahrbücher 79, 95 ff., 102, der im Gegensatz zu *Seckel-Levy* aaO. S. 128 nicht der Meinung ist, daß das Interesse des Gattungsgläubigers „mehr den Erwerb uneingeschränkten Eigentums, also ein dare, erfordere als beim Spezieskauf". *Haymann* Iherings Jahrbücher 79, 110 f. verweist im übrigen darauf, daß dem Käufer nicht so sehr das Eigentum an dem Leistungsgegenstand wichtig war, als die Verpflichtung des Verkäufers zur Leistung von Gegenständen mittlerer Art und Güte. Diese Verpflichtung aber ergebe sich aus der bona fides. Daher Anwendung der emptio venditio.

[32] aaO. S. 122 ff.

[33] Eine Pflicht, die dem Verkäufer durch die emptio venditio nicht auferlegt wurde. *Kaser* Handbuch § 131 III 1 S. 459 mit weiteren Nachweisen in FN 25.

[34] Vgl. *Kaser* § 118 III 4 S. 426 u. § 128 II S. 451 f.

[35] Vor allem als Vorvertrag, aus dem auf Auszahlung des Darlehens geklagt werden konnte. *Kaser* § 124 II S. 443 u. § 128 II S. 450.

strengrechtlichen Klage, nämlich der condictio[36]. Auch auf die Rückzahlungsklage des Darlehnsgebers fand also der strengrechtliche Haftungsmaßstab Anwendung.

c) Ebenso hatten die actiones ex testamento, mit denen der Legatar das ihm durch den Erblasser zugedachte legatum per damnationem gegen den heres geltend machen konnte, strengrechtlichen Charakter[37]. Das legatum per damnationem umfaßte im Gegensatz zu dem legatum per vindicationem nicht nur Gegenstände, die sich im quiritischen Eigentum des Erblassers befanden, sondern konnte auf Leistungen jeder Art gerichtet sein. Es wurde vor allem benutzt, um gattungs- und wahlweise Leistungen oder fremde Gegenstände, die vom Erben für den Legatar beschafft werden sollten, zu vermachen[38].

4. Innerhalb der strengrechtlichen Klagen ergab sich die schärfere Haftung des Gattungsschuldners im Verhältnis zum Speziesschuldner einfach daraus, daß nur die objektive Unmöglichkeit die Leistungspflicht des Schuldners aufheben konnte[39]. Im Gegensatz zur Speziesschuld wurde die Erfüllung einer Gattungsschuld nicht durch den Untergang einer einzelnen Sache unmöglich. Vielmehr war hier für die Unmöglichkeit erforderlich, daß die gesamte Gattung untergegangen war. Unmöglichkeit bedeutete im römischen Recht vor allem physische Unmöglichkeit, d. h. Leistung einer Sache, die nicht in rerum natura ist. Unter den Begriff der Unmöglichkeit subsumierten die Römer weiterhin die Fälle, daß eine extra commercium oder in hostium potestate stehende Sache betroffen war oder dem Gläubiger eine ihm schon gehörende Sache übereignet werden sollte[40]. Die Befreiung des Gattungsschuldners war also hier, in einem Bereich, in dem das subjektive Unvermögen des Schuldners keinerlei Auswirkungen auf die Existenz der obligatio hatte, sehr viel unwahrscheinlicher und seltener als die Befreiung des Speziesschuldners. Von hier könnte denn auch die gemeinrechtliche Parömie „species perit ei cui debetur, genus perire non censetur" einen Sinn bekommen. Denn hier ergibt sich aus diesem Satz — vor allem dann, wenn mit genus nur die nicht auf einen Vorrat begrenzte Gattungsschuld gemeint ist — sehr wohl auch eine schärfere Haftung. *Wesentliches Ergebnis ist also, daß die Haftung des Gat-*

---

[36] *Kaser* § 124 II S. 443.
[37] *Ders.* § 118 III 4 S. 426 u. § 184 I 2 S. 620.
[38] *Ders.* § 184 I 1 u. 2 S. 620 f.
[39] *Wollschläger* S. 37 verneint zwar einen Anwendungsbereich der nachträglichen Unmöglichkeit im Bereich der Leistungsstörungen. Jedoch bleibt auch bei ihm der Tatbestand des „dari non posse" im Rahmen der Stipulation leistungsbefreiend!
[40] Vgl. für die anfängliche Unmöglichkeit die Aufzählung bei *Wollschläger* S. 8 f.; weiterhin *Medicus* SZ 86 (1969), 75 f.

tungsschuldners nicht auf einer speziell auf die Gattungsschuld zugeschneiderten — auf die Speziesschulden nicht anwendbaren — Rechtsregel beruhte, sondern auf dem allgemeinen Haftungsprinzip und dem tatsächlichen Unterschied in dem Umfang der möglichen Leistungsgegenstände. Im Bereich der verpflichtungsaufhebenden Leistungsstörungen ist also im römischen Recht ein Wille zu besonderer Haftungsverschärfung bei Gattungsschulden nicht herauszulesen.

5. Im Gegensatz hierzu ergibt sich eine solche schärfere Haftung bei Verzug nicht aus den allgemeinen Rechtsregeln. Dennoch finden sich in den Quellen keine besonderen Haftungsmaßstäbe für den Gattungsschuldner. Vielmehr wird bei Verzug im römischen Recht auch im Bereich der strengrechtlichen Obligationen immer nur dann gehaftet, wenn den Schuldner ein Verschulden trifft[41]. Auch der Genusschuldner geriet also nur durch doloses Zögern in Verzug. E. Heymann hat überzeugend nachgewiesen[42], daß eine unterschiedliche Haftung für den Verzug, je nachdem, ob der Schuldner zur Leistung einer Spezies- oder Genussache verpflichtet war, erst durch Bartolus „mit gewaltsamen Mitteln" in das Recht eingeführt wurde[43]. Nach Heymann widerspricht zum einen die Deduktion des Bartolus den Quellen[44], zum anderen setzt Bartolus als petitio principii voraus, daß die Existenzfrage der Obligation und die Frage der mora von vornherein nach dem gleichen Grundsatz entschieden werden müsse. Ob der von Bartolus unter Verkennung der Quellen gefundene Rechtssatz „gesund" und „für das Wirtschaftsleben höchst wichtig"[45] ist, kann hier dahingestellt bleiben. Interessant bleibt, daß die römischen Quellen eine rechtliche Sonderbehandlung von Gattungsschulden auch im Bereich der mora nicht kannten.

---

[41] Eine vom Verschulden völlig unabhängige mora gab es nicht: *Kaser* § 119 II S. 430 vgl. auch FN 14.
E. Heymann S. 19 — mit Hinweis auf D. 45, 1, 91, 3 — bezieht sich auf obligationes stricti iuris, bei denen nach *Heymann* die mora entwickelt wurde. Vgl. auch S. 20 mit Hinweis auf D. 12, 1, 5, 1 de rebus creditis Pomponius libro 22 ad Sabinum.
Der Schuldnerverzug bewirkte, daß der Schuldner für jedes Unmöglichwerden seiner Leistung haftet, auch wenn es auf Zufall beruht. Unmöglichkeit tritt bei Genusschulden aber nur relativ selten ein. Daraus könnte man vielleicht den Schluß ziehen, daß die Römer — wenigstens insoweit — keinen Grund für eine besondere Haftungsregelung hatten.
[42] S. 18—102.
[43] aaO. S. 99.
[44] aaO. S. 98 — denn zunächst könne man nicht mit Sicherheit sagen, daß *Pomponius* nur von einer species spricht, während *Venuleius* mit Sicherheit sowohl von genus als auch von species rede. Vgl. auch die Interpretation der Venuleius-Stelle auf S. 35 und die Interpretation der Pomponius-Stelle S. 30—32.
[45] So *Heymann* S. 99.

6. Auch im Bereich der bonae fidei iudicia ist eine unterschiedliche Behandlung von Genus- und Speziesverpflichtung nicht bekannt, wenigstens gibt es keine Quellen, die dafür einen Anhaltspunkt bieten könnten. Hier, wo nicht mehr nur die Unmöglichkeit den Schuldner von seiner Leistungsverpflichtung befreit, sondern die durch den Vertrag übernommene Verpflichtung und die bona fides über das Weiterbestehen der Obligation entscheiden, fällt der im Bereich der strengrechtlichen Klagen vorliegende Grund einer strengeren Haftung weg. Hier also wäre eine Regel, die — ähnlich wie § 279 — eine schärfere Haftung postulierte, angebracht, wenn sie nach der Überzeugung der Römer notwendig gewesen wäre. Obwohl die Römer die Vorratsschuld also nach dem Recht der emptio venditio und damit nach bona fides behandeln konnten, fehlte eine derartige Unterscheidung. Vorratsschulden wurden behandelt wie Speziesschulden. Der einzige im Kaufrecht verbleibende Unterschied war der spätere Eintritt der Perfektion[46], ein Unterschied, der aber nicht dem des § 279, sondern dem des § 243 Abs. II entspricht.

II. Gemeines Recht[47]

1. Eine schärfere Haftung für Gattungsschulden gab es also nur im Bereich der iudicia stricti iuris. Sie beruhte darauf, daß allein Unmöglichkeit die Leistungsverpflichtung des Schuldners aufheben konnte, Unmöglichkeit bei Gattungsschulden aber sehr viel seltener eintrat als bei Speziesschulden. Daraus könnte mit Recht der Schluß gezogen werden, daß die Aufhebung der Unterscheidung zwischen den beiden Klag- und damit Obligationsarten die Frage nach einer besonderen Haftung für Gattungsschulden bedeutungslos macht.

Während man sich in Deutschland bis zum Beginn des 19. Jahrhunderts[48] noch darum stritt, ob die römisch-rechtliche Unterscheidung der Klagarten in stricti iuris actiones und bonae fidei actiones in das deutsche Recht Eingang gefunden habe, setzte sich im gemeinen Recht immer mehr die Überzeugung durch, daß diese Unterscheidung für das

---

[46] So wenigstens *Seckel-Levy* SZ 47 (1927), 203; *Kaser* § 131 IV S. 461.
[47] Für die Entstehungsgeschichte des § 279 können die Ansichten der Zwischenzeit vernachlässigt werden, denn das BGB fußt mit seinen Kategorien der Leistungsstörungen auf *Mommsen*, und *Mommsen* beruft sich auf *Savigny*, der beispielsweise in dem 1. Bd. seines Obl. Rechts (S. 384 ff.) den Begriff der subjektiven Unmöglichkeit als erster erwähnt, und auf das klassische Römische Recht. Einen Aspekt der verschärften Haftung, nämlich die Haftung bei Verzug, schildert außerordentlich ausführlich *E. Heymann*. Das ALR regelte die Haftung für Gattungsschulden nicht. Zu den Unklarheiten, die sich daraus ergaben vgl. *Wollschläger* S. 110.
[48] So *Wächter* Pandekten I (AT) § 100 IV S. 517.

§ 3: Entstehung des § 279

deutsche Recht bedeutungslos sei[49]. Nur wenige bejahten die Existenz dieser Unterscheidung noch[50], einige glaubten wenigstens vereinzelte, rein praktische Unterschiede aufrechterhalten zu müssen[51], während die schließlich überwiegende Meinung davon ausging, daß mit dem Untergang des römischen Prozeßrechts die Unterscheidung an Bedeutung verloren habe[52]. Diese begründeten den Wegfall dieser Unterscheidung damit, daß nunmehr alle Schuldverträge ein auf Treu und Glauben beruhendes Schuldverhältnis erzeugten[53] und schließlich damit, daß ein entschiedenes Gewohnheitsrecht (seit mehr als 100 Jahren) den ganzen Unterschied verwerfe[54].

Entscheidend für den Wegfall der Differenzierung scheint mir zu sprechen, daß — wie Wächter in seinen Erörterungen formuliert[55] — das strictum ius für das Gemeine Recht seine prinzipielle Bedeutung dadurch verloren hatte, daß klagbare Obligationen nun auch durch das bloße pactum begründet werden konnten. Das Prinzip der Typen- und Vertragsfreiheit, das jeden Vertrag, auch den, der nicht einem den Parteien vom Recht angebotenen Typ entsprach, zu einer klagbaren Obligation werden ließ, machte die stipulatio und damit auch die Unterscheidung endgültig überflüssig.

Diese Feststellung hätte aber notwendigerweise zu einer genauen Überprüfung der Frage führen müssen, welche Wirkung und Bedeutung die actiones stricti iuris im römischen Recht hatten und ob aus den Quellen ersichtliche Rechtsregeln, die eigentlich die strengrechtlichen Klagen betrafen, ohne weiteres in das deutsche Recht, das diese Klage und Obligationsart nun nicht mehr kannte, übernommen werden können.

Schon 1845 warnte Wächter in seinen Erörterungen vor der Übernahme von Rechtsregeln aus den Quellen, ohne dabei zu beachten, bei welcher der beiden Klagearten sie angewandt wurden, indem er aus-

---

[49] *Dernburg* Pandekten Bd. II Obligationenrecht § 3 S. 6 u. Bd. I S. 297; *Wächter* Pandekten Bd. II § 184 S. 354 FN 3, Pandekten Bd. I § 100 S. 517 f.; *Wächter* Erörterungen Nr. 9, 11; *Keller* Der Römische Civilprozeß § 88; *Seuffert* Prakt. Pandektenrecht Bd. I S. 33; *Reinhardt* Ergänzungen zu Glück IV. Bd. S. 503; *Sintenis* Das praktische gemeine Civilrecht I § 29 Note 50; *Savigny* System Bd. V S. 140 mit weiteren Angaben in FN d; von der Gültigkeit dieser Einteilung auch für das Pandektenrecht scheint *Brinz* Pand. Bd. I § 92 S. 373 ff. (385) noch auszugehen.
[50] z. B. *Vangerow* in den ersten 5 Ausgaben seiner Pandekten.
[51] z. B. *Savigny* System Bd. V S. 118, der S. 138 die Bedeutung des Unterschiedes allerdings völlig verwirft; oder *Brinz* Pand. Bd. II 1. Abt. § 228 S. 64 (2. Aufl. 1879).
[52] *Huschke* in Unterholzners Lehre des Römischen Rechts von den Schuldverhältnissen Bd. I S. 8 II.
[53] *Huschke* aaO. daselbst u. S. 52.
[54] *Wächter* Pandekten I AT § 100 IV 6 S. 517.
[55] *Wächter* Erörterungen 11, S. 112 Abs. VII; so auch *Huschke* aaO. S. 52.

führte: „Manches, was lediglich Ausfluß des strictum ius war, könnte sonst auf ungeschickte Weise noch angewendet werden, weil man es nicht als solchen Ausfluß erkannte, und die bei den Quellen bei gewissen Klagen ausgesprochenen Grundsätze könnte man irrig auch jetzt noch anwenden wollen, weil man übersah, daß jene Klagen bei den Römern stricti iuris actiones waren[56]."

Und in der Tat gibt es Beispiele genug, die zeigen, daß diese mangelnde Unterscheidung bei der Übernahme von Rechtsregeln aus den Quellen zu mancherlei Fehlern und Irrtümern führte[57]. Selbst bei Friedrich Mommsen sind — wie noch zu zeigen sein wird — derartige, auf mangelnde Differenzierung der Klagarten zurückzuführende Irrtümer zu erkennen, die das Haftungssystem des BGB nicht unwesentlich beeinflußten.

2. Mit der Bedeutungslosigkeit der iudicia stricti iuris hätten auch nicht mehr notwendigerweise die in deren Bereich entwickelten Leistungsstörungskategorien Anwendung zu finden brauchen, sondern nur noch die aus dem Bereich der bonae fidei actiones[58]. Entsprechend wurde auch bei vielen Rechtswissenschaftlern im Gemeinen Recht der wesentlichste Oberbegriff der Leistungsstörungen derjenige der Verschuldung[59]. Entscheidend für den Bestand der Obligation war hier nicht mehr das Schicksal des Leistungsgegenstandes, sondern das vom Schuldner nach der bona fides zu erwartende Verhalten. Im Bereich der bonae fidei actiones hatte sich das Schuldverhältnis, anders als im Bereich der strengrechtlichen Klagen, von dem „Zwang der Haftung für den Leistungserfolg"[60] freigemacht und „zu einer reinen Ordnung der Verhaltenspflichten" entwickelt[61].

a) Die Übernahme dieser Entwicklung in das deutsche Recht verhinderte in entscheidender Weise Friedrich Mommsen[62], indem er als zentralen Begriff der Leistungsstörungen die Unmöglichkeit der Verwirk-

---

[56] *Wächter* Erörterungen 11, S. 102; so auch *Savigny* System Bd. V S. 146.
[57] Vgl. die Beispiele, die *Wächter* Erörterungen 11 S. 102 FN 119 dafür gibt, sowie auch seinen Hinweis auf die Entscheidung des Württ. Obertribunals vom 5. September 1823 und die Beispiele bei *Savigny* System Bd. 5 S. 146.
[58] Auch die Funktion der Unmöglichkeit, die Umwandlung des Leistungs- in einen Schadensersatzanspruch herbeizuführen — eine Funktion, die im römischen Recht wegen des Grundsatzes der Geldkondemnation überflüssig war — erforderte nicht die Beibehaltung dieser Leistungsstörung. Die Umwandlung hätte vielmehr ebensogut auf dem Weg des § 283 I BGB oder mit den Mitteln des Verzugs (Modell § 326) erfolgen können.
[59] z. B. *Brinz* Pand. II. Bd. 1. Abt. 1. Aufl. § 264 II 2 S. 245.
[60] Verknüpfung mit dem Leistungsgegenstand = Haftung für den Erfolg.
[61] So *Wieacker* aaO. S. 802.
[62] Beiträge zum Obligationenrecht 1. Abt. — Die Unmöglichkeit der Leistung. — Vgl. hierzu neuerdings *H. H. Jakobs* S. 112 ff., der allerdings zur

lichung des Gläubigerinteresses aus dem Bereich der stricti iuris actiones übernahm und ihn in dem im Gemeinen Recht an sich allein noch gültigen Bereich der bonae fidei actiones für anwendbar erklärte[63]. Damit begann das deutsche Recht seine Entwicklung auf einem dem frühen Stadium des römischen Rechts entsprechenden Stand. Für die deutsche Rechtswissenschaft ergab sich daraus der Zwang, die Entwicklung des römischen Rechts nachzuvollziehen, ganz im Gegensatz zu den Rechtsordnungen, die von der Entwicklung des römischen Rechts zu den bonae fidei actiones ausgegangen waren, wie beispielsweise das französische und italienische Recht[64].

Allerdings konnte auch Friedrich Mommsen den Bereich der subjektiven Verhaltensanforderungen an den Schuldner, der ja sogar schon durch die perpetuatio in den Bereich der strengrechtlichen Klagen des römischen Rechts eingebrochen war, nicht völlig übersehen. Aus diesem Grunde bejahte er die befreiende Wirkung des Unvermögens[65], ohne zu beachten, daß das Unvermögen in dem Bereich der strengrechtlichen Klagen, dem er seine zentrale Leistungsstörungskategorie, nämlich die Unmöglichkeit, entnahm, rechtlich unbeachtlich war[66]. Hier soll nicht versucht werden, die Exegese Mommsens im einzelnen zu widerlegen, vielmehr begnüge ich mich mit einigen kritischen Bemerkungen. So sind die Beispiele, die Mommsen[67] für die Existenz des subjektiven

---

Feststellung kommt, daß „nicht die Lehre Mommsens auf einem historischen Mißverständnis (beruhe), sondern die Annahme, daß sie dies tue, ein Mißverständnis der Lehre Mommsens (sei)." Dagegen wiederum *Chr. Wollschläger* S. 123 ff.

[63] Wobei *Mommsen* die Unterscheidung in die beiden Klagearten nicht ausdrücklich so sah und deswegen nur allgemein von der Unmöglichkeit sprach (also nicht ausdrücklich die Anwendbarkeit für den Bereich der b. f. i. erklärt); *Rabel* Unmöglichkeit S. 18: „Fr. Mommsen hat sich bemüht, die Stipulation und die negotia bonae fidei auseinanderzuhalten, aber dem Zuge seiner Zeit folgend, schlug er trotzdem alle Quellenstellen über einen Leisten."

[64] Die ebenso wie das englische Recht nur an der Nichterfüllung anknüpfen und für die Beantwortung der Frage nach der Haftung der Subsumtion des Sachverhalts unter einzelne Leistungsstörungskategorien nicht mehr bedürfen.

[65] S. 5; anders auch noch *Savigny* Obl. Recht I S. 384.

[66] *Mommsen* Bd. I S. 32; vgl. dazu auch *Wieacker* aaO. S. 802.

[67] aaO. S. 30; auf S. 33 weist *Mommsen* beispielsweise selbst auf die Eigentümlichkeiten der Gefangennahme eines Sklaven durch Feinde hin, die einen sicheren Schluß von diesem Fall auf andere Fälle hindere.
Auch *Medicus* SZ 86 (1969), 90 weist darauf hin, daß der servus in fuga nicht eindeutig in die Kategorie Unvermögen paßt, sondern wertungsmäßig — ebenso wie die res in hostium potestate — am ehesten zur objektiven Unmöglichkeit gehöre.
Rabel Unmöglichkeit S. 25 wirft *Mommsen* gar vor, er suche sein „Heil in der vollen Entfaltung" einer „Stipulationstheorie", deren Triebkraft nach *Rabels* Meinung „ursprünglich der rohen Juristenregel einer grobsinnlich denkenden Zeit" entspringe.

Unvermögens aufführt wie incendia, mors und fuga servorum sowie rapina keineswegs so überzeugend. Denn ein Großteil dieser Fälle könnte ebensogut unter die objektive Unmöglichkeit subsumiert werden. Außerdem gesteht Mommsen selbst zu[68], daß sich die Rechtsquellen, die er zum Beweis seiner These anführt, meist auf bonae fidei Obligationen beziehen. Ebenso muß Mommsen einräumen[69], daß die Quellen nicht genügend Hinweise geben, um die Anwendung dieser Regel auch auf die stipulatio — d. h. auf die strengrechtlichen Obligationen — außer Zweifel zu setzen. Dies hinderte ihn jedoch nicht, kurz zuvor[70] D 31, 47, 2—4 zu entnehmen, daß die subjektive Unmöglichkeit bei den strengrechtlichen Obligationen in gleichem Umfang anerkannt gewesen sei, wie bei den bonae fidei obligationes. Entgegen seiner eigenen Meinung erstellt Mommsen also ein Modell der Leistungsstörungen, das dem des römischen Rechts nicht mehr entspricht, indem er die beiden Klagearten miteinander vermischt. Dabei geht er offensichtlich von dem Modell der stricti iuris actio und deren Verknüpfung von Leistungspflicht und Leistungsgegenstand aus. Nur mildert er die darin zum Ausdruck kommende Erfolgshaftung ab, indem er mit der befreienden Wirkung des Unvermögens gewisse Schuldnerverhaltenspflichten anerkennt und berücksichtigt.

b) Mit dem Wegfall der Unterscheidung zwischen den beiden Klagearten aber fiel der im römischen Recht einsichtige Grund für die schärfere Haftung des Genusschuldners — nämlich der schwierige Eintritt der Unmöglichkeit — ebenfalls weg. In den römischen Quellen ist, wie schon oben erwähnt, keine Stelle zu finden, die für die Haftung des Gattungsschuldners andere Rechtsregeln gibt als für die Haftung des Speziesschuldners. Daher kann auch F. Mommsen[71] bei seiner rechtlichen Einordnung der Gattungsschulden sich auf keine Quellenstelle berufen. Dennoch wurde auch jetzt noch — am deutlichsten bei Mommsen[72] — die im römischen Recht aus der Natur der Gattungsschuld sich ergebende strengere Haftung bejaht. Allerdings zeigen sich schon hier erhebliche Argumentationsschwierigkeiten.

Mommsen geht bei seiner Begründung von der These aus, daß der eine fremde Sache Versprechende von seiner Leistungsverpflichtung nicht deswegen befreit werden könne, weil es ihm nicht gelungen sei, sich die Sache zu besorgen. Dieser Grundsatz aber werde aufgegeben,

---

[68] aaO. S. 33.
[69] aaO. S. 32.
[70] aaO. S. 32.
[71] Die Begründung für eine verschiedene Haftung des Gattungsschuldners auf S. 47 bleibt ohne Stellenbeleg.
[72] aaO. S. 47 f.

wenn die subjektive Unmöglichkeit nicht nur für den Spezies-, sondern auch für den Gattungsschuldner als befreiend anerkannt werde. Dabei postuliert Mommsen, daß dem Unvermögen bei der auf eine fremde species gerichteten obligatio nur dann eine befreiende Wirkung zukommen könne, wenn auch für den Eigentümer eine Unmöglichkeit der Leistung eingetreten sei. Er übersieht dabei, daß sich in den Quellen genügend Stellen für die Bedeutungslosigkeit des Unvermögens finden lassen, denn das Unvermögen hatte ja im Bereich der strengrechtlichen Klagen gerade keine Wirkung. Selbst wenn aber die Quellen eine unterschiedliche Behandlung des Unvermögens je nachdem, ob der Schuldner eine fremde oder eine eigene Sache zu leisten verspricht, verlangen würden, kann daraus doch nur mit äußerster Zurückhaltung die Anwendung dieser strengeren Haftung auf die Gattungsschulden geschlossen werden. Wer sich nämlich ohne Vorbehalt zur Leistung einer fremden Sache verpflichtet, tut dies regelmäßig, indem er sich als Eigentümer geriert[73]. Bei diesen Normalfällen mag eine solche verschiedene Haftung angebracht sein. Der Gattungsschuldner hingegen geriert sich, wenn er nicht selbst Eigentümer ist — wie z. B. der Schuldner einer Vorratsschuld, die auch Mommsen zur Gattungsschuld zählt[74] — in der Regel aber nicht als Eigentümer. Er verspricht somit etwas anderes als der normale Leistungsschuldner, nämlich nicht nur Übereignung, sondern Beschaffung *und* Übereignung. Dieser wesentliche Unterschied verhindert aber die von Mommsen durchgeführte Übernahme der Haftungsprinzipien von dem einen auf den anderen Fall[75].

c) Trotz dieser einerseits von den römischen Quellen nicht gedeckten, andererseits aber auch durch nur unzulängliche Begründungen abgesicherten Modellvorstellung übernahm das BGB nicht nur die Kategorien der Leistungsstörungen, sondern auch die Regelung der Haftung

---

[73] Offensichtlich geht *Mommsen* Bd. I S. 35 selbst von dem Fall aus, daß der Schuldner sich als Eigentümer geriert, wenn er formuliert: „War eine fremde Sache Gegenstand der Leistung, zu welcher der Schuldner sich verpflichtet hat, so wird es nicht als Grund einer zu berücksichtigenden Unmöglichkeit betrachtet, wenn die Sache *später* in ein solches faktisches Verhältnis zu ihrem Eigentümer tritt, wie es den rechtlichen Verhältnissen entspricht, sollte auch dadurch dem Schuldner die faktische Disposition über die Sache entzogen sein. Die Richtigkeit der angegebenen Beschränkung folgt aber namentlich daraus, daß die Eviktion die Verpflichtung des Käufers nicht aufhebt, sondern ihn einerlei, ob er die Fremdheit der Sache kannte oder nicht, zur Entschädigung verpflichtet. Im gleichen wird ausdrücklich anerkannt, daß der Vermieter einer fremden Sache dem Miether selbst dann auf Prästation des frui licere haftet, wenn er die vermietete Sache bona fide gekauft hat und dieselbe ohne seine culpa evincirt ist."

[74] aaO. S. 48.

[75] Nach *Wollschläger* S. 132 beruht die unterschiedliche Behandlung von Gattungsschulden schon bei Savigny auf einer Fiktion.

für Gattungsschulden, die F. Mommsen vorgeschlagen hatte[76]; denn auch er zieht die Grenze der Haftung für Gattungsschulden bei der objektiven Unmöglichkeit[77]. Der Unterschied zwischen § 279 und der von Mommsen angenommenen Regelung besteht nur darin, daß Mommsen zum einen offenläßt, ob das Unvermögen irrelevant oder zu vertreten ist[78]. Zum anderen nahm Mommsen[79] im Gegensatz zu der Formulierung in § 279 an, daß sich die besondere Haftung des Gattungsschuldners nur auf dasjenige Unvermögen beziehe, das auf den Verhältnissen des Gegenstandes an sich oder auf dem Verhältnis desselben zum Schuldner beruht. Danach galt die besondere Haftung also nicht für das Unvermögen, das in ausschließlich die Person des Schuldners betreffenden Gründen wurzelte.

III. Gesetzesmaterialien[80]

Den Gesetzesmaterialien läßt sich eine Begründung für die unterschiedliche Behandlung von Gattungs- und Speziesverbindlichkeiten nicht entnehmen. Zwar war § 279 in seiner heutigen Form im E I nicht zu finden, jedoch beruhte dies mehr auf redaktionellen Erwägungen, zumindest nicht auf dem Willen, für Gattungsschulden eine andere als die schließlich in § 279 ausgesprochene Haftung zu normieren. Denn § 237 Abs. II des E I besagte, daß nicht zu vertretendes Unvermögen bei Speziesschulden den Schuldner befreie. Daraus sollte — nach der Meinung der Verfasser dieses Entwurfs — durch argumentum e contrario geschlossen werden, daß das Unvermögen in allen anderen Fällen, also insbesondere bei den Gattungsobligationen, nicht von der Leistungspflicht befreie[81]. In den Motiven findet sich als Begründung für die durch das argumentum e contrario aus § 237 Abs. II angeordnete scharfe Haftung des Gattungsschuldners nur der Hinweis auf die *gene-*

---

[76] Die Modellvorstellung *Mommsens* wurde wohl vor allem durch *Windscheid*, der sich *Mommsen* angeschlossen hatte und mit zu den Verfassern des Gesetzes gehörte, in das BGB gebracht.
[77] aaO. S. 49: „Hier (bei der beschränkten Gattungsschuld) kann selbstverständlich eine Unmöglichkeit der Leistung eintreten; nur gehört allerdings dazu, daß rücksichtlich jedes einzelnen Gegenstandes, auf welchen sich die Obligation bezieht, eine Unmöglichkeit vorliegt."
[78] aaO. S. 47 — wobei wohl davon auszugehen ist, daß er Vertretenmüssen meint, denn im römischen Prozeß, in dem das Prinzip der Geldkondemnation galt, bedeutete rechtliche Irrelevanz in der Folge immer Schadensersatz, das bedeutete allerdings nur Ersatz des Marktwertes der zu leistenden Sache in Geld.
[79] aaO. S. 46.
[80] Zur Entstehungsgeschichte der §§ 275 II, 279 vgl. jetzt auch *H. H. Jakobs* S. 145 sowie *Medicus* Festschrift Felgentraeger S. 310.
[81] *Motive* Bd. II S. 45 f.

relle rechtliche Irrelevanz des subjektiven Unvermögens[82]. Diese wiederum wurde damit begründet, daß sie der Auffassung des geltenden Rechtes entspreche, die gegenteilige Meinung zu unhaltbaren Konsequenzen führe und schließlich, daß in dem Leistungsversprechen stets eine *Garantie* für die Leistungsfähigkeit zu finden sei. In der Annahme dieser Garantie zeigt sich wiederum das aus dem strengrechtlichen Prozeß des römischen Rechts stammende Prinzip der Erfolgshaftung, das sich aus der Objektbezogenheit der Leistungsstörungen ergibt.

Dieses argumentum e contrario wurde in der 2. Kommission für unzureichend erklärt. Daher wurde der Antrag gestellt, positiv auszusprechen, daß der Gattungsschuldner für jedes Unvermögen ohne Rücksicht auf sein Verschulden haften solle[83]. Ein Grund dafür, daß der Umkehrschluß nicht für genügend erachtet wurde, könnte auch darin liegen, daß diesem allein nicht hätte entnommen werden können, ob der Gattungsschuldner ohne Rücksicht auf sein Verschulden haften solle, also Ersatz zu leisten habe, sondern nur, daß er dadurch nicht befreit werde. Das aber wäre ebenso der Fall, wenn er wegen Unvermögens ersatzpflichtig geworden wäre als auch, wenn er zu der primären Leistung verpflichtet bliebe[84]. Der Unterschied zwischen dem E I und dem Gesetz ergibt sich also, ohne daß hieraus auch sachliche Verschiedenheiten zu ersehen wären, nur daraus, daß der E I Unvermögen generell anders als die Unmöglichkeit behandelt wissen wollte. Das BGB hingegen geht grundsätzlich davon aus, daß das nachträgliche Unvermögen der nachträglichen Unmöglichkeit gleichzusetzen sei (§ 275 Abs. II) und mußte aus diesem Grund in § 279 eine Ausnahme von diesem Prinzip schaffen, um materiell zur selben Aussage wie der E I zu kommen. Ein sachlicher Unterschied war also auch von der 2. Kommission wohl nicht gewollt[85]. Im übrigen kann weder aus den Formulierungen der Motive noch auch aus den Begründungen der Anträge in den Protokollen für die Interpretation des § 279 mehr entnommen werden als aus dessen Wortlaut. Von einigen wird das Argument vorgebracht[86], aus den Motiven ergebe sich, daß Vermögenslosig-

---

[82] Wohl nur verständlich als Relikt der stricti iuris iudicia und der gänzlichen Nichtberücksichtigung des subjektiven Unvermögens. Vgl. auch *Savigny* Obl. Recht Bd. I S. 384.
[83] *Protokolle* Bd. II S. 314 f.
[84] Vgl. *Planck-Siber* § 279 Anm. 19.
[85] Auch der Hinweis von *Titze* Unmöglichkeit S. 93 FN 35, daß mit § 237 Abs. II eine gerechtere Lösung ermöglicht worden wäre, kann daran nichts ändern. Im Gegensatz hierzu sieht H. H. Jakobs S. 148 f. in § 275 II und § 279 einen erheblichen Irrtum der Redaktionskommission über den von der II. Kommission erteilten Auftrag.
[86] Vgl. beispielsweise *Roth* aaO. S. 105.

III. Gesetzesmaterialien

keit den Schuldner nicht befreien solle und daß dieser Grundsatz in § 237 Abs. II und damit auch in § 279 geregelt werden sollte. Dieses Argument ist jedoch nur insoweit richtig, als die Vermögenslosigkeit *auch*, also neben anderen Gründen, die zum Unvermögen führen können, nicht befreien soll. Nicht richtig ist es jedoch insoweit, als man daraus lesen will, daß *nur* die Vermögenslosigkeit nicht befreien soll. Denn diese könnte ja auch zu einem Unvermögen nach § 237 Abs. II des E I führen. Eine von § 237 Abs. II abweichende Behandlung dieses Falles war jedoch nicht geplant, sie wurde auch nicht erörtert. Ebensowenig läßt sich den Beratungen zu § 246 des E I — Verschulden bei Verzug — ein vom Wortlaut des § 279 abweichender Wille des Gesetzgebers entnehmen[87]. Nach den Motiven[88] soll sich der Umfang der Vertretungspflicht auch hier aus den allgemeinen Regeln — im E I §§ 237, 241 — ergeben. Diese Verweisung ist in § 285 wieder zum Ausdruck gekommen, denn was einen zu vertretenden Umstand darstellt, ergibt sich nicht aus § 285 selbst, sondern wiederum aus den allgemeinen Vorschriften (im BGB die §§ 276—279)[89]. Aus der Ablehnung des zu § 246 gestellten Zusatzantrages[90], der ausdrücklich in das Gesetz aufnehmen wollte, daß sich der Schuldner auf unverschuldete Zahlungsunfähigkeit nicht berufen könne, kann ebenfalls nichts geschlossen werden. Denn die Mehrheit der 2. Kommission war mit der Ablehnung dieses Antrags nur der Meinung, daß dies — auch für den Verzug — schon durch § 237 Abs. II geregelt sei.

---

[87] *Protokolle* Bd. I S. 325.

[88] Bd. II S. 60.

[89] So auch *Erman* § 285 Anm. 1; *Esser* 2. Aufl. S. 339; ders. SAT § 49 II 3 b S. 350; *Larenz* § 23 I b S. 254; daß § 279 sich seinem Wortlaut nach nicht auf den Verzug bezieht, ist entgegen *Roth* aaO. S. 104 ohne Bedeutung.
Damit soll die alte Streitfrage, ob § 279 im Bereich des Verzugs Anwendung findet oder nicht, ihr Bewenden haben. Vgl. zu diesem Streit *E. Heymann* aaO. S. 155 ff. Auch *Medicus* Bürgerliches Recht (2. Aufl.) § 13 III 1 a S. 109 ging noch von der Notwendigkeit einer „Ausdehnung" des § 279 aus, um zur Geltung dieser Norm beim Verzug zu gelangen.
Auch die zeitliche Verzögerung einer Leistung kann ihren Grund sowohl in Umständen haben, die nur den Schuldner, wie in anderen, die objektiv alle möglichen Schuldner betreffen. Auch hier also findet sich der Gegensatz Unvermögen — Unmöglichkeit wieder. Damit, daß § 279 das Unvermögen für den Gattungsschuldner zu einem immer zu vertretenden Umstand erklärt, erklärt er auch die unbedingte Haftung für alle nur Unvermögen bewirkenden Leistungshindernisse. Diese Haftung kann im Rahmen des Verzugs aber ebenso gelten. Demnach gilt § 279 im Rahmen des Verzugs also für alle Leistungshindernisse, die nur dem Schuldner die pünktliche Leistung unmöglich machen, nicht jedoch für jene, die auch die zeitgerechte Leistungsfähigkeit Dritter beeinträchtigt. So jetzt auch *Medicus* Bürgl. Recht § 13 III 1 b bb S. 107 f.

[90] *Protokolle* Bd. I S. 325.

IV. Folgerungen aus den historischen Bezügen

Danach ergibt sich aus den historischen[91] Bezügen folgendes:

1. § 279 beruht in seinem Wortlaut auf einer verfehlten Interpretation der römisch-rechtlichen Kategorien der Leistungsstörungen[92]. Sie vernachlässigt die Entwicklung des römischen Rechts zu den bonae fidei iudicia, indem sie nicht das Verhalten des Schuldners, sondern das Schicksal des Leistungsgegenstandes mit der Obligation verknüpft und damit die Unmöglichkeit des Leistungserfolges zum zentralen Fall der Leistungsstörungen macht.

2. Die Objektbezogenheit der Mommsenschen Modellvorstellung von den Leistungsstörungen hat in § 279 ihre reinste Ausprägung erhalten. Denn die Einbrüche der bonae fidei iudicia — d. h. die Verknüpfung der obligatio mit dem Leistungsverhalten des Schuldners — die im allgemeinen Leistungsstörungsbereich vor allem in § 275 Abs. II zu finden sind, fehlen hier.

3. Das BGB vermochte aber das Mommsensche Modell der objektbezogenen Leistungsstörung nicht ganz durchzuhalten. Die Regeln des BGB stehen vielmehr in einem wesentlichen Dualismus zu § 242, dem wichtigsten Ausdruck der bonae fidei iudicia[93].

---

[91] Die von *E. Heymann* in seinem Werk „Verschulden bei Erfüllungsverzug" aufgezeigte historische Entwicklung des Verschuldenserfordernisses beim Verzug als einer Kategorie der Leistungsstörung konnte hier deswegen weitgehend unberücksichtigt bleiben, weil das BGB mit der Übernahme der Mommsenschen Kategorie der Leistungsstörungen diese Entwicklung bewußt übersprungen hat.

[92] Und damit nicht etwa auf dem von *Bartolus* durchgesetzten Grundsatz der unbedingten Haftung für das Vorhandensein von Erfüllungsmitteln. So auch *Wieacker* aaO. S. 786 ff.

[93] Somit leidet auch das BGB unter der Vermischung der beiden Klagearten, vor der schon *Wächter* Erörterungen 11, S. 102 und *Savigny* System Bd. V S. 146 gewarnt haben. Auf diesen Dualismus und die sich aus ihm ergebenden nachteiligen Folgen hat vor allem *Wieacker* aaO. S. 790 ff. hingewiesen. *Windscheid* Pand. Bd. II (8. Aufl.) S. 19 glaubt, daß das BGB mit § 242 den Gedanken der bonae fidei actiones, dessen Allgemeingültigkeit für alle Ansprüche für das Gemeine Recht auch von ihm nicht angezweifelt wird, völlig anerkannt habe. (*Mot.* Bd. II S. 197 f.; *Prot.* Bd. I S. 624 f.).

§ 4: Veränderung der Aussage des § 279 durch Lehre und Rechtsprechung

Schon vor der Verabschiedung des BGB wies G. Hartmann[1] darauf hin, daß doch längst der verhängnisvolle Irrtum widerlegt sei, eine — nach Treu und Glauben zu beurteilende — generische Verpflichtung erlösche erst dann, wenn das geschuldete genus völlig zu existieren aufhöre oder dem Rechtsverkehr vollkommen entzogen sei. Nur wenige Schriftsteller, die auch bald einer weitaus überwiegenden Meinung gegenüberstanden, akzeptierten eine wortgetreue Anwendung des § 279, allerdings häufig mit dem Hinweis, daß diese Norm „nach den Anschauungen des Verkehrs zu höchst unbilligen Ergebnissen führen müsse"[2].

Andere — so z. B. Paech[3] — versuchten § 279 dadurch zu rechtfertigen, daß sie ihn als Scheinausnahme von dem Prinzip der Verschuldenshaftung bezeichneten. Nur eine Scheinausnahme sollte § 279 danach deswegen sein, weil den Schuldner, der zur Erbringung der Gattungsleistung unvermögend geworden sei, immer ein latentes Verschulden treffe. Dieses latente Verschulden liege darin, daß der Schuldner durch den Vertragsschluß eine Leistungsgarantie übernommen habe. Aus diesem Grunde müsse der Schuldner es sich zum Nachteil anrechnen lassen, wenn er nicht mehr in der Lage sei, die Leistungsgegenstände zu beschaffen. Ähnlich nahm schon Ihering[4] an, die Unfähigkeit zur Erfüllung einer Gattungsverbindlichkeit beruhe stets auf Verschulden.

Auch der Versuch[5], § 279 unter Berufung auf die Motive[6] zum BGB dadurch zu erklären, daß generell eine Garantie des Schuldners für

---

[1] Die Obligation S. 254 ff., insbesondere S. 255; ähnlich auch *Ubbelohde* AcP 85, 118 ff., 121.
[2] So beispielsweise *Biermann* aaO. S. 100, der darauf hinweist, daß dies eben darauf beruhe, daß die der Bestimmung des § 279 zugrundeliegende Auffassung von den Anschauungen des Verkehrs unrichtig sei. Ähnlich auch *Titze* Unmöglichkeit S. 92, wenn er feststellt, daß eine so überaus strenge Haftung des Schuldners weder den Bedürfnissen des Verkehrs noch irgendwie der Billigkeit entspreche.
[3] Leistungsverzug S. 92.
[4] Iherings Jahrbuch Bd. IV. S. 39.
[5] So beispielsweise auch *Kisch* Unmöglichkeit S. 112.
[6] *Motive* Bd. II S. 45 oben. Im Falle der Begründung eines Schuldverhältnisses durch Rechtsgeschäft unter Lebenden ist in dem Versprechen die Übernahme einer Garantie zu finden.

sein Leistungsvermögen anzunehmen sei, kann nicht überzeugen. Denn die in den Motiven formulierte Garantie für die Leistungsmöglichkeit war nicht nur auf das Unvermögen des Gattungsschuldners beschränkt. Vielmehr sollte sie eine allgemeine — mit nur einer Ausnahme[7] — für alle Unvermögensfälle gedachte Regel darstellen. Im übrigen weist Kisch[8] selbst zu Recht darauf hin, daß diese Argumentation entweder nur die Wiedergabe der Gesetzesvorschrift darstelle oder aber — wenn es sich nicht um eine Fiktion handeln solle — eine auf dem Willen des Schuldners beruhende Gewähr bezeichne. Ein solcher Wille müsse dann aber auch bei dem Schuldner ersichtlich sein[9]. Wenige schließlich fanden sich mit der Aussage des § 279 nur deswegen ab, weil sie dem Gesetz die Gefolgschaft nicht verweigern wollten, obwohl sie mit dessen Interessenwertung nicht einverstanden waren. So z. B. Biermann, der entgegen seinem eigenen Bedenken bezüglich der Billigkeit darauf verweist, daß „§ 279 als Ausnahme von § 275 Abs. II strikt zu interpretieren" sei und „seine Anwendung daher keine Einschränkung aus Billigkeitsgründen erleiden" könne[10] oder Titze[11], der glaubt, daß es gegenüber dem klaren Wortlaut des Gesetzes bei dem unbilligen Resultat sein Bewenden haben müsse.

I. Einschränkung des § 279

Die große Mehrheit der Schriftsteller jedoch befand schon gleich nach Inkrafttreten des BGB, daß § 279 nicht auf alle Leistungshindernisse angewandt werden könne, sondern — wie Planck[12] formulierte — nur auf jene, die mit der Eigenschaft der Schuld als einer Gattungsschuld

---

[7] § 237 Abs. II.
[8] Unmöglichkeit S. 110.
[9] Darauf, daß die Annahme von Garantieerklärungen häufig nur fiktiv ist, haben zu Recht hingewiesen: *Siber* Iher. Jahrbuch 50, S. 55 ff., 270 *Oertmann* AcP 140, 129 ff., 147 in Zusammenhang mit anfänglichem Unvermögen, sowie *Müller-Erzbach* AcP 106, 309 ff. und *Merkel* Interessenkollisionen S. 140.
[10] aaO. S. 108: „Der klare Wortlaut des § 279 bindet. Eine extensive Interpretation des § 279 dagegen schon aus dem Grunde zu vermeiden, weil sie zu unbilligen Ergebnissen führen muß, da die Bestimmung des § 279 auf einer Auffassung von der Haftung des Schuldners beruht, welche der Auffassung des Verkehrs nicht entspricht." Ähnlich *Kisch* Unmöglichkeit S. 112: „Bei Gattungsschulden haftet der Schuldner ohne Rücksicht auf etwaiges Verschulden und ohne besondere Übernahme der Gewähr schlechterdings für sein Unvermögen zur Leistung. Diese Ausnahme von den gewöhnlichen Grundsätzen läßt sich durch Fiktionen nicht verschleiern. Es liegt einer der Fälle vor, in denen die Rechtsordnung dem einzelnen einen unverschuldeten Schaden zurechnet." *Dennoch* bejaht Kisch einige Seiten weiter eine einengende Interpretation des § 279!
[11] Unmöglichkeit § 5, 3 a S. 93; so auch *Kleineidam* S. 125; *H. A. Fischer* S. 30 ff., *Hölder* Recht 1911 S. 679 ff.
[12] *Planck* Kommentar § 279 Anm. 2 d.

I. Einschränkung des § 279

zusammenhängen[13]. Ausgegangen wurde dabei von jenen Fällen, in denen der Schuldner zur Leistung deswegen nicht in der Lage ist, weil er — so die häufig benannten Fälle[14] — krank geworden ist, seinen Militärdienst ableisten muß oder kein geeignetes Transportmittel gefunden hat. Die Begründung für die Einschränkung ist dabei zuweilen unzureichend, so beispielsweise bei Dernburg[15], für den sich Satz genus perire non censetur eine sich anschließende Erweiterung diese Begründung auf den Hinweis beschränkt, daß durch § 279 nur der erfahren habe. Der eigentliche Grund und auch die Berechtigung der einschränkenden Interpretation des § 279 lag nach Meinung vieler dagegen im Wesen der Gattungsschuld[16]. § 279 sei demnach lediglich eine aus dem Wesen der Gattungsschuld heraus zu begrenzende Ausnahme vom Grundsatz des § 275 Abs. II[17]. Für diese Meinung entscheidend ist also, welche Leistungshindernisse mit der Gattungsschuld als solcher unmittelbar zusammenhängen. Denn diese sind nach § 279, die anderen dagegen nach §§ 275 Abs. II, 276 zu behandeln. Für eine solche Anwendung des § 279 ist aber eine genauere Bestimmung des „Wesens" der Gattungsschuld und ihrer Unterschiede zur Speziesschuld unerläßlich. Zwar war E. Heymann[18] der Meinung, die Gattungsschuld unterscheide sich gerade durch ihren Gegenstand und durch sonst nichts von der Speziesverbindlichkeit. Jedoch war mit diesem Unterschied im Leistungsgegenstand offensichtlich nicht die verschiedene Bestimmtheit der Leistungsgegenstände und die sich daraus ergebende Folge gemeint, daß der Untergang eines vom Schuldner erwählten und zur Leistung geeigneten Gegenstands diesen nicht befreit. Vielmehr scheint E. Heymann[19] den wesentlichen Unterschied darin zu sehen, daß die Unbestimmtheit des Leistungsgegenstandes dem Schuldner die Möglichkeit gibt, diesen auszuwählen *und zu beschaffen*. So ist bei den Schriftstellern der damaligen Zeit sehr häufig andeutungsweise zu lesen, was Kisch[20] wörtlich so formuliert: „Wer eine Quantität aus der

---

[13] Also beispielsweise nicht auf bloß persönliche Verhinderungen, die zum Gegenstand der Leistung keinen unmittelbaren Bezug haben.
[14] z. B. von *Cosack* Lehrbuch S. 334; *Enneccerus-Lehmann* S. 427; *Kisch* Unmöglichkeit S. 118.
[15] *Dernburg* Bürgerl. Recht Bd. II 1. Abt. S. 132.
[16] So am deutlichsten *Kisch* Unmöglichkeit S. 117 und *E. Heymann* S. 157: Wenn die h. M. annimmt, daß die Ausnahmeregel des § 279 ihren Grund im Wesen der regelmäßig selbst bei Untergang wieder zu beschaffenden, aber auch sonst namentlich mittels Geldaufwendungen bzw. Sachgüterveräußerungen regelmäßig allgemein zugänglichen Gattungssachen hat, ist sie in dieser sehr wichtigen Frage de lege lata auf dem richtigen Weg.
[17] *Kisch* Unmöglichkeit S. 157 FN 26 a. E.
[18] S. 157.
[19] S. 157.
[20] *Kisch* Gattungsschuld — Wahlschuld S. 86; so ähnlich auch *Titze* Unmöglichkeit S. 93; *Karlsruhe* Bad. Rechtsprechung 1914, 215.

Gattung schuldet, kann sich die zur Erfüllung notwendigen Objekte beschaffen, wenn er über die hierzu erforderlichen Geldmittel verfügt. Das Leistungsvermögen ist hier eine Geldfrage; wer aber die Mittel nicht hat, trägt, wie auch sonst, die Folgen seiner wirtschaftlichen Schwäche. Er hat seinen Mangel an ökonomischer Leistungsfähigkeit zu vertreten. Beruht dagegen sein Unvermögen zur Erfüllung der Gattungsschuld auf anderen Gründen, so gelten die normalen Grundsätze[21]." Sehr viel vorsichtiger formulierte Kisch[22] noch 1900: „Wer eine Gattungsverbindlichkeit übernimmt, steht allerdings dafür ein, daß er über die zur Leistung erforderlichen Sachen werde verfügen können; für weitere Zufälle dagegen kann und will er nicht haften" und: „Es würde zu großen Unbilligkeiten führen, wollte man den Schuldner, dem es nicht an den nötigen Gattungssachen fehlt, der aber aus anderen Gründen an der Leistung verhindert ist, auch für solche Zufälle einstehen lassen, die ihn bei einer Speziesschuld befreien würden."

Ähnlich stellen auch Planck[23] und E. Heymann[24] darauf ab, daß dem Schuldner durch § 279 nur die Entschuldigung der mangelnden Leistungsobjekte abgeschnitten werden solle. Dabei entsteht durch die Formulierung Plancks allerdings der Eindruck, daß er den Schuldner, der die Leistungsgegenstände bereits beschafft hat, nach den Regeln über die Speziesschuld behandeln will[25].

Allen diesen Formulierungen ist gemein, daß aus der Verschiedenheit der Leistungsgegenstände auf eine Verschiedenheit des Schuldnerverhaltens — Beschaffung — geschlossen wird und jeweils Leistungshindernisse im Bereich dieses anderen Schuldnerverhaltens, die zum Unvermögen führen, als generell vertretbar bezeichnet werden.

---

[21] Ähnlich formuliert Endemann S. 674 FN 12 „Niemals gibt es eine Berufung darauf, daß der Schuldner nicht in der Lage war, sich die zur Erfüllung seiner Verbindlichkeit erforderlichen Geldmittel zu beschaffen."
[22] Unmöglichkeit S. 117.
[23] Planck (3. Aufl.) § 279 Anm. 3: Die Verpflichtung, einen nur der Gattung nach bestimmten Gegenstand zu leisten, wird dahin aufgefaßt, daß der Schuldner dafür einstehen soll, einen Gegenstand der betreffenden Gattung zu beschaffen. Weshalb der Fall, daß der Schuldner einen Gegenstand beschafft *hat*, dann aber an dem zur Leistung bestimmten Tag plötzlich durch Krankheit, Tod etc. gehindert wird, den Leistungsgegenstand zu liefern, anders behandelt werden soll als ein Speziesschuldner, ist nicht einzusehen!
[24] aaO. S. 158 ff., wobei er auf die geschichtliche Entwicklung und die Bedeutung des Satzes genus perire non censetur hinweist und dabei betont, daß die unbedingte Haftung bei Quantitätsschulden von den unbedingten Bedürfnissen des Geld- und Warenverkehrs getragen worden sei. Er unterscheidet schon danach (S. 163 Fn. 380), ob es sich um Unvermögen in Ansehung der Erlangung von Gattungssachen (also subjektiver Geld- oder Sachmangel) handelt oder ob ein Fall der entschuldbaren persönlichen Verhinderung an rechtzeitiger Erfüllung durch Krankheit, Naturereignisse, Irrtum usw. gegeben ist.
[25] Vgl. das Zitat in FN 23.

I. Einschränkung des § 279

Heute kann man mit Sicherheit zwar sagen, daß der Satz, § 279 finde nur auf jene Fälle des Unvermögens Anwendung, die mit dem Wesen der Schuld als Gattungsschuld zusammenhängen, von der weitaus h. M. für richtig gehalten wird[26]. Eine einhellige Meinung besteht jedoch nur über die Klarstellung, daß § 279 — trotz seines Wortlautes — nicht für jedes Leistungshindernis eine allgemeine Zufallshaftung des Gattungsschuldners anordnet[27]. Hingegen gibt es auch heute noch keine einhellige Meinung darüber, welche Leistungshindernisse mit dem Wesen der Gattungsschuld zusammenhängen. Während bei Larenz[28], Erman[29] und anderen[30] zu lesen ist, daß § 279 nicht auf das — auf anderen als wirtschaftlichen Gründen beruhende — Unvermögen Anwendung finde, präzisierte Medicus[31]: Der Gattungsschuldner steht nach § 279 dafür ein, daß er die geschuldete Sache hat oder sich beschafft (Beschaffungsrisiko). Ohne Verschulden haftet er aber nicht auch dafür, daß er an den Gläubiger leisten kann (Auslieferungsrisiko). Ganz anders dagegen Esser[32], der formuliert: § 279 hat seine Grenze dann, wenn dem Schuldner die Beschaffung nach Treu und Glauben nicht mehr zugemutet werden kann.

Üblicherweise wird im Schrifttum[33] an dieser Stelle als Beispiel dafür, daß dieser Grundsatz auch Eingang in die Rechtsprechung gefunden habe, die Entscheidung des Reichsgerichts im 99. Bande S. 1 zitiert. Der Leitsatz dieser Entscheidung kann zwar dahin ausgelegt werden, als solle die Anwendbarkeit des § 279 in den Fällen allgemein eingeschränkt werden, in denen das Unvermögen zur Leistung auf Gründen beruht, die mit der Eigenart der Gattungsschuld nichts zu tun haben[34]. In der Argumentation dieser Entscheidung liegt das eigentliche Gewicht aber auf § 242.

---

[26] *Cosack-Mitteis* S. 419 stellten sogar schon 1927 fest, daß dieser Satz „sich als Freirecht Geltung verschafft" habe.
[27] Das ist auch die heute unstrittige h. L. Vgl. *Palandt - Heinrichs* § 279 Anm. 2; *Larenz* § 23 I b S. 255 mit zahlreichen weiteren Nachweisen in FN 1; so auch noch *Medicus* Bürgerliches Recht (2. Aufl.) § 13 III S. 110.
[28] *Larenz* § 21 I d S. 232.
[29] In *Erman* § 279 Anm. 4.
[30] *Palandt - Heinrichs* § 279 Anm. 2; *Reimer Schmidt* in *Soergel - Siebert* § 279 Anm. 5.
[31] Bürgerliches Recht (2. Aufl.) § 13 III 1 c S. 110; anders jetzt (3. Aufl.) § 13 III insbesonders S. 117; so auch schon *E. Heymann* S. 163 FN 380 und *Planck* RndNr. 3 zu § 279 (vgl. oben FN 23).
[32] SAT § 18 II 2 S. 113 f. mit Hinweis auf RGZ 107, 156.
[33] Beispielsweise *Medicus* Bürgerliches Recht (2. Aufl.) § 13 III 1 c S. 110 und jetzt (3. Aufl.) § 13 III 1 b cc S. 108; *Larenz* § 23 I b S. 255; *Erman* § 279 Anm. 4.
[34] I. Leitsatz: Gilt § 279 unbeschränkt auch in den Fällen, wo das Unvermögen zur Leistung auf Gründen beruht, die mit der Eigenart der Zahlungsschuld nichts zu tun haben?

§ 4: Änderung des § 279 durch Lehre und Rechtsprechung

Der Entscheidung lag folgender Sachverhalt zugrunde:

S hatte Mitte Oktober 1914 dem G versprochen, bis 12. 11. 1914 galizische Eier nach Berlin zu liefern, mußte jedoch am 8. 11. aus seiner Heimat Bochnia (Ostgalizien) vor einrückenden russischen Truppen nach Krakau flüchten, das unbesetzt blieb. Das Kammergericht als Berufungsinstanz ging davon aus, daß galizische Kalkeier eine Gattung seien, die sich nicht nur in einem Teil Galiziens beschaffen ließe, dem östlichen, sondern auch in Krakau. Da demnach auf dem Markt noch galizische Eier zu bekommen waren, lag nur Unvermögen des S vor; dieses habe er aber nach § 279 unbedingt zu vertreten.

Das RG[35] führt dagegen aus, § 279 schließe die Berücksichtigung höherer Gewalt oder ähnlicher Umstände nicht aus, welche nach dem Grundsatz des § 242 das Verlangen als unbillig und ungerecht erscheinen lasse. Das RG erörtert also nicht, ob es sich bei dem Grund, der zum Unvermögen des S geführt hat (Einmarsch russischer Truppen), um ein Leistungshindernis handelt, das mit dem Wesen der Gattungsschuld zusammenhängt oder nicht. Ebensowenig erörtert es, ob dieses Hindernis dazu führte, daß S nicht mehr in der Lage war, die Kalkeier zu beschaffen oder ob es nur die Versendung beschaffter Eier unmöglich machte. Eine solche Erörterung war aber zu erwarten, sollte die Entscheidung die ihr zugeschriebene Anerkennung der behaupteten Einschränkung beinhalten.

Im übrigen kann bei dem Sachverhalt — entgegen Medicus[36] — auch nicht davon ausgegangen werden, daß S durch seine Vertreibung nur an dem *Transport* beschaffter Waren von Galizien nach Berlin gehindert wurde. Vielmehr muß angenommen werden, daß die dem S verlorengegangenen Betriebsmittel mit Sicherheit ebenso ein Hindernis für die *Beschaffung* der Ware darstellten.

Demnach kann aus RGZ 99, 1 also ebenfalls nur die negative Feststellung entnommen werden, daß § 279 nicht auf alle Leistungshindernisse, die zum Unvermögen des Schuldners führen, angewandt werden kann. Die positive Formulierung dagegen, welche Leistungshindernisse § 279 aus welchen Gründen nicht mitumfaßt, wird durch sie nicht geklärt[37].

---

[35] RGZ 99, 2.
[36] Bürgerliches Recht (2. Aufl.) § 13 III 1 c S. 110, anders jetzt (3. Aufl.) S. 108, wo wiederum darauf abgestellt wird, daß § 279 nur typische Beschaffungshindernisse — im Gegensatz zu persönlichen Umständen — erfasse.
[37] Während RGZ 99, 1 § 242 innerhalb des § 279 anwendet, umgehen andere Entscheidungen § 279 schon von vornherein dadurch, daß sie den Begriff der Unmöglichkeit nach § 242 relativieren. In diesen Entscheidungen führen ähnliche Erwägungen, wie sie in RGZ 99, 1 angestellt wurden, zu der An-

II. Ausdehnung des Anwendungsbereichs

Während die Formulierung des § 279 auf der einen Seite so als viel zu weitgehend empfunden wurde, gibt es andererseits Fälle, die, obwohl sie nicht Gattungs- sondern Speziesverbindlichkeiten betreffen, nach Meinung vieler, schon früher Autoren zum BGB ebenfalls nach § 279 behandelt werden sollten. Am deutlichsten macht Cosack[38] die Problematik an folgendem Beispiel:

Ein Kunsthändler verpflichtet sich, für einen Kunden auf einer Auktion ein bestimmtes Gemälde von Menzel und einen Menzelschen Stich zu besorgen. Sein Bankier fällt in Konkurs, er selbst hat deswegen beim Versteigerungstermin kein Geld. Bild und Stich werden einem Dritten zugeschlagen, der zur Weiterveräußerung nicht bereit ist.

Nach Cosack soll der Kunsthändler nunmehr für das Nichtbesorgen des Stiches haften (Grund: § 279, Stich = Gattungsschuld), bezüglich des Bildes aber nach § 275 Abs. II behandelt werden[39]. Beide Male beruhte die Unfähigkeit des Kunsthändlers, den Gegenstand zu erwerben, auf demselben Grund, nämlich nur auf seiner finanziellen Illiquidität. Der Unterschied in der Bestimmtheit der beiden Gegenstände blieb auf das Leistungshindernis ohne jede Wirkung und sollte dennoch eine so verschiedene rechtliche Behandlung begründen.

Diese ungleiche Behandlung einer gleichen Sachlage konnte jedoch, trotz der Formulierung des § 279, die Mehrzahl der Schriftsteller nicht überzeugen[40], so daß Begründungen gesucht wurden, die eine Gleichbehandlung rechtfertigen sollten.

Nach Planck[41] beispielsweise sollte der Kunsthändler durch den unverschuldeten Vermögensverfall von seiner Verpflichtung zur Beschaffung des Bildes schon deswegen nicht befreit werden, weil es sich bei dem abgeschlossenen Vertrag um den Verkauf einer fremden Sache handele[42]. Aus diesem Grunde liege für den Kunsthändler schon von Anfang an eine subjektive Unmöglichkeit vor. Also ergebe sich seine

---

nahme von Unmöglichkeit und damit schon von vornherein zur Nichtanwendbarkeit des auf Unvermögen beschränkten § 279. So z. B. RGZ 57, 116 ff.; 107, 156 ff., 157; 88, 172 ff., 174 f.
[38] *Cosack* Lehrbuch S. 335 II.
[39] Ein bei dem Wortlaut des § 279 durchaus konsequentes Ergebnis!
[40] Nur wenige gaben sich mit ihr zufrieden, so z. B. *Biermann*, der § 279 zwar für eine verfehlte Norm hielt, jedoch ihre ausdehnende Interpretation und damit ihre Anwendung auf Fälle der Speziesschuld deswegen für verfehlt hielt, weil Gründe der Billigkeit es verböten, eine unbillige Norm auch noch auszudehnen (vgl. FN 10)
[41] Kommentar (3. Aufl.) § 279 Anm. 2.
[42] Eine Begründung, die der generellen Begründung Mommsens für die besondere Haftung bei Gattungsschulden sehr ähnelt.

Haftung schon aus den Grundsätzen der Haftung für anfängliches Unvermögen. Offensichtlich aber hält Planck selbst diese Begründung nicht für unbedingt stichhaltig[43], denn er fügt sofort eine weitere Begründung an. Danach soll der Vertrag dahin aufzufassen sein, daß der Kunsthändler sich verpflichte, das Bild zu kaufen und es seinem Vertragspartner zu liefern; damit handele es sich um eine Verpflichtung zur Aufwendung von Geld. Da Geld aber eine Gattungssache sei, soll in diesem Fall der Kunsthändler aufgrund einer analogen Anwendung des § 279 nicht dadurch befreit werden, daß er das zum Ankauf erforderliche Geld ohne sein Verschulden nicht mehr besitzt. Daß es sich dabei unmittelbar nur um die Verpflichtung zur Leistung einer individuell bestimmten Sache handelt, könne für das Ergebnis keine Rolle spielen.

Zu demselben Ergebnis gelangt Berndorff[44], der die Konstruktion Plancks für zu gekünstelt hält. Nach ihm haftet der Schuldner — obwohl er nur versprochen hat, eine species, nämlich das Bild, zu liefern — deswegen ohne Verschulden, weil er sich zu seiner Entlastung auf einen Mangel an Zahlungsmitteln beruft und ein derartiger Mangel niemals als Befreiungsgrund gelten könne. Daß Mittellosigkeit den Schuldner nicht entlasten könne, ergibt sich nach Berndorff aus dem Grundsatz, daß, wer eine Leistung verspreche, die Garantie dafür übernehme, daß sein Vermögen zur Erfüllung auch ausreiche[45]. Den Grundsatz, daß der Schuldner für Mittellosigkeit immer und auch ohne Verschulden einzustehen habe, bezeichnet Berndorff als anerkannte h. M. Unklar bleibt dabei allerdings, ob er den Grundsatz der Haftung für unverschuldete Zahlungsunfähigkeit der Norm des § 279 oder allgemeinen Rechtsprinzipien entnimmt. Deutlich auf § 279 stellt z. B. Titze[46] ab, wenn er ausführt: „Die Bedürfnisse des Verkehrs erheischen dringend, daß jeder für seine Zahlungsfähigkeit haftet. Darum muß man hier über den Wortlaut des § 279 hinauskommen, wenn man erwägt, daß auch in denjenigen Fällen, wo den unmittelbaren Gegenstand eine species bildet, doch die mittelbare, unerläßliche Voraussetzung für die Erfüllung der Verbindlichkeit die Solvenz des Schuldners ist. *Zu ihr gehört aber ein gewisser Besitz von Barmitteln, für dessen Vorhanden-*

---

[43] Diese strenge Haftung könnte doch nur dann so begründet werden, wenn der Kunsthändler nicht Beschaffung versprochen hat, sondern — sich als Eigentümer gerierend — nur Übereignung. Denn nur bei dem, der sich bei Vertragsschluß einem anderen gegenüber so verhält, als sei er schon Eigentümer, kann anfängliches Unvermögen vorliegen, wenn er zu diesem Zeitpunkt tatsächlich nicht Inhaber des behaupteten Rechts an der Sache ist, die zu übereignen er versprochen hat.
[44] *Berndorff* S. 48.
[45] So fast wörtlich ja auch die Formulierung in den *Motiven* Bd. II S. 46.
[46] Unmöglichkeit S. 95.

II. Ausdehnung des Anwendungsbereichs

sein der Schuldner nach § 279, weil Geld eine nur der Gattung nach bestimmte Sache ist, unter allen Umständen einzustehen hat. Sonach ist der Satz, „der Schuldner kann sich niemals auf unverschuldete Zahlungsunfähigkeit berufen", in § 279 implicite enthalten."

Der „Grundgedanke" des § 279 wurde danach fast immer beschworen, um die unbedingte Haftung des Schuldners für Zahlungsunfähigkeit zu begründen. Dabei fiel die Beschränkung auf die Beschaffungsschuld schon bald weg. Unabhängig von der Art der schuldnerischen Verpflichtung soll für Zahlungsunfähigkeit also immer unbedingt gehaftet werden. Demnach soll § 279 auch dann analog angewandt werden, wenn dem Verkäufer die Übereignung beispielsweise deswegen unmöglich wurde, weil die verkaufte Sache vor der Übergabe von einem Dritten gepfändet wurde; ebenso wenn der Verkäufer in Konkurs gefallen war und der Konkursverwalter in den Vertrag nicht eintreten wollte (§ 17 KO)[47]; ferner, wenn der Eigentümer eines Grundstücks seinen Verpflichtungen aus dem Mietvertrag nicht nachkommen konnte, weil das Grundstück versteigert wurde und der Ersteher (gem. § 57 a ZVG) den Mietvertrag kündigte[48].

Diese Ausdehnung des Anwendungsbereichs des § 279 (auch über den Bereich der eigentlichen Gattungsschuld hinaus) wurde — von nur ganz wenigen Gegenstimmen abgesehen[49] — im Schrifttum bald von der durchaus h. M.[50] bejaht und auch von der Rechtsprechung ständig so angewandt[51]. Auch heute findet sich kaum eine Gegenmeinung[52].

---

[47] Beispiele von *Titze* Unmöglichkeit S. 93 u. *Kisch* Unmöglichkeit S. 121.
[48] Beispiel *Titze* Unmöglichkeit S. 93. Derartige Fälle sind auch in der Rechtsprechung zu finden, z. B. RGZ 65, 33, eine Entscheidung, die allerdings den § 279 nicht bemüht, um zur Haftung des Eigentümers zu gelangen.
[49] Beispielsweise *Biermann* aaO. S. 104, *Cosack* Lehrbuch S. 335; vgl. auch die Angaben bei *Titze* Unmöglichkeit S. 93 FN 36. In dieser Allgemeinheit für bedenklich hält *Oertmann* § 275 Anm. 3 diesen Satz. Als gewaltsam bezeichnet auch *Rabel* Unmöglichkeit S. 44 diese Ausdehnung.
[50] *Berndorff* aaO. S. 48; *Kisch* Unmöglichkeit S. 120; *Enneccerus-Lehmann* 15. Aufl. § 46 I 1; *Brecht* S. 236; *Planck* Anm. 2 zu § 279; *Staudinger-Werner* Anm. 2 zu § 279; *Titze* Unmöglichkeit S. 93 f.
[51] RGZ 75, 336 (1911) — Aktien-Fall; RGZ 106, 177 (1923) — U-Bahn-Fall; RG LZ 1921, 223 — Pferderennen Totalisator; RG Recht 1927 Nr. 329 — § 279 auch in den Fällen der Mittellosigkeit. RGZ 140, 10, 15 u. — Für die Aufbringung von Geldmitteln hat der Schuldner nach allgemeinen Grundsätzen einzustehen. (§§ 279, 280). BGHZ 36, 344 ff., 345 — Mittellosigkeit — Haftung nach § 279; Karlsruhe Bad. Rechtsprechung 1914, 215 (zit. in Warneyer 1915, 41) § 279 auf Haftung für Mittellosigkeit anzuwenden. Hingegen folgert RG Warneyer 1912, 461 Ziff. 418, aus § 276 als zu vertretende Sorgfalt müsse verlangt werden, daß der Schuldner die voraussichtliche Gestaltung seiner Vermögensverhältnisse während der Vertragsdauer — abgesehen von etwa eintretenden besonderen Ereignissen — so weit übersehe und zu beurteilen könne, ob er in der Lage sein werde, seinen Verpflichtungen nachzukommen. (RGZ 65, 33; vgl. auch § 279 und RGZ 75, 337). Daß dabei die Gefahr und die

Entscheidend ist, daß die herrschende, bejahende Ansicht mit der Anwendung des § 279 auf die Fälle der Verpflichtung zur Beschaffung einer species im Grunde nur die Fälle der Zahlungsunfähigkeit erfassen will. Das zeigt sich am deutlichsten bei Kisch[53], wenn er unterscheidet: „In den Fällen, in denen z. B. zur Ablösung eines Dritten nicht nur die Zahlung einer Geldsumme, sondern die nicht erzwingbare Einwilligung des Dritten erforderlich ist, kann § 279 keine Anwendung finden."

Dasselbe ist jedoch dem Sinne nach bei der Mehrzahl der anderen damaligen Schriftsteller zu finden[54]. Auch in der heute h. M. liegt das Schwergewicht immer noch auf der aus § 279 abgeleiteten Haftung für Zahlungsmittelmangel[55]. Jedoch ist diese Einschränkung nicht mehr so eindeutig. Teilweise wird eine Anwendung des § 279 auf die Fälle der Beschaffungsschuld, deren Leistungsgegenstand eine species ist, heute ohne die Beschränkung auf das Leistungshindernis des Zah-

---

Bereitschaft besteht, § 279 als Allheilmittel zu betrachten, ergeben die folgenden Entscheidungen, in denen § 279 reichlich willkürlich angewandt wird.

BGHZ 7, 346 (1952) — Darlehensnehmer haftet nach § 279 mit seinem gesamten Vermögen für Rückzahlung.

BGHZ 7, 223 (1952) — Bei der Berechnung des Schadensersatzes ist nicht auf die Leistungsfähigkeit des Schuldners abzustellen (§ 279).

[52] Während *Larenz* § 21 I d S. 233; *Blomeyer* § 24 IV 2 S. 130; *Medicus* Bürgerliches Recht (2. Aufl.) § 13 III 1 b S. 109; *Enneccerus-Lehmann* § 46 I 1 S. 192; *Erman* § 279 Anm. 3; *Palandt-Heinrichs* § 279 Anm. 3; *Nastelski* in RGRK § 279 Anm. 5 diese ausdehnende Anwendung noch bejahen, verneinen *Esser* SAT § 33 IV 2 S. 211 und *Staudinger-Werner* § 279 Anm. 5 die Notwendigkeit der Anwendung des § 279 auf die Beschaffung einer species. Wie letztere jetzt wohl auch *Medicus* Bürgerl. Recht (3. Aufl.) § 13 III S. 107, der § 279 nur noch als Auslegungshilfe bezeichnet, aus der sich im Zweifel ergeben soll, daß der Gattungsschuldner Beschaffung schuldet.

Zweifelnd *Reimer Schmidt* in Soergel-Siebert § 279 Anm. 7: „Die Einstandspflicht des Schuldners bestimmt sich hier in erster Linie nach dem Vertragsinhalt."

[53] Unmöglichkeit S. 121 FN 38.

[54] Nur auf finanzielles Unvermögen stellen ab: *Titze* Unmöglichkeit S. 93; *Planck*, 3. Aufl. § 279 Anm. 2; *Berndorff* aaO. S. 48; *Kohler* Lehrbuch S. 82; vgl. insbesondere S. 83 den Weg, den Kohler bei der Begründung der Ausdehnung geht!

[55] z. B. *RGRK* § 279 Anm. 5; *Erman* § 279 Anm. 3; *Blomeyer* § 24 IV S. 130; *Enneccerus-Lehmann* § 46 I 1 S. 192; offensichtlich auch *Palandt-Heinrichs* § 279 Anm. 3. *Roth* aaO. S. 106, linke Spalte geht davon aus, daß § 279 Ausdruck des Prinzips sei, daß grundsätzlich jeder im Rahmen eines Schuldverhältnisses für seine wirtschaftliche Leistungsfähigkeit einzustehen habe. (Vgl. auch die dort in FN. 50 Zitierten). Allerdings übersieht Roth auf S. 105 rechte Spalte u., daß der erste Entwurf, dessen Begründung die Motive enthalten, in § 237 II davon ausging, daß das Unvermögen an sich generell unbeachtlich sei und nur bei der Verpflichtung zur Leistung eines speziell bestimmten Gegenstandes ausnahmsweise der objektiven Unmöglichkeit gleichgestellt werden sollte. Aus diesem Grunde lassen sich die Formulierungen der Motive — entgegen Roth — eben gerade nicht im Rahmen der Speziesverbindlichkeiten verwerten.

III. Änderung des § 279 über den Unmöglichkeitsbegriff 57

lungsmittelmangels bejaht[56]. Damit wird dem Leistungspflichtigen aber nicht mehr nur die Gefahr des finanziellen Unvermögens, sondern auch das Beschaffungsrisiko als eine zur normalen Frage der Leistungsgefahr hinzutretende verschärfte Fragestellung nach dem Maß der Leistungsmöglichkeit auferlegt[57].

Die durch den Wortlaut des § 279 gemachte Aussage entsprach — wie die Umwandlung der Norm durch Wissenschaft und Praxis zeigt — also keineswegs den Bedürfnissen des Verkehrs und der vor dem Inkrafttreten des BGB herrschenden Rechtsauffassung. Offensichtlich war § 279 auf der einen Seite — nämlich bezüglich der durch den Schuldner zu vertretenden Leistungshindernisse — viel zu weit geraten, während er andererseits — bezüglich der durch § 279 möglicherweise erfaßten Leistungsgegenstände — viel zu eng war. § 279 ist seinem Wortlaut nach eine Norm, die für einen *„Teilbereich"* der *möglichen Sachleistungsverpflichtungen die Garantiehaftung bezüglich ‚aller' zu schuldnerischem Unvermögen führenden Leistungshindernisse postulierte*. Die Umformung durch Wissenschaft und Praxis machte aus § 279 im Gegensatz dazu eine Norm, die *in „allen" möglichen Sachleistungsverpflichtungen eine generelle Haftung nur für einzelne, ganz bestimmte, schuldnerisches Unvermögen auslösende Leistungshindernisse anordnet*.

III. Änderung des § 279 durch Manipulation am Unmöglichkeitsbegriff

Die Wirkung des § 279 wurde jedoch nicht nur gemildert und geändert durch die beiden oben genannten Interpretationen der h. L. und der Rechtsprechung. Eine viel stärkere Abmilderung der Zufallshaftung erfolgte durch die Verschiebung der Grenze, bis zu der die generelle Haftung gelten sollte. Diese Grenze, die, wie Biermann[58] richtig meinte, nach dem Wortlaut des § 279 an sich erst bei der Unmöglichkeit der Leistung aus der Gattung, d. h. beim Untergang der Gesamtgattung, lag, wurde dadurch zugunsten des Schuldners verschoben, daß

---

[56] So bleibt bei *Larenz* § 21 I d S. 233 unklar, ob die Ausdehnung nicht auch die Fälle der mangelnden Vorsorge erfassen soll. Aus dem von *Medicus* (2. Aufl.) § 13 III 1 b S. 110 angeführten Zementbeispiel läßt sich im Gegensatz zu den Ausführungen S. 109 deutlich entnehmen, daß er auch die Fälle der mangelnden Vorsorge von § 279 erfaßt haben will.
[57] So *Esser* 2. Aufl. § 57, 5 S. 208, wobei er in der 2. Aufl. noch offen läßt, ob § 279 diese Beschaffungsgefahr mitumfaßt und daher die Haftung für sie regelt, während er in SAT § 33 IV 2 S. 211 die Verbindung § 279 — Beschaffungsgefahr ausdrücklich ablehnt.
[58] aaO. S. 98.

§ 4: Änderung des § 279 durch Lehre und Rechtsprechung

1. die Trennung zwischen Unmöglichkeit und Unvermögen verwischt und Fälle des Unvermögens mittels § 242 zu Unmöglichkeitsfällen gestempelt wurden[59].

2. der Begriff der wirtschaftlichen Unmöglichkeit geprägt und in der Rechtsprechung gebraucht wurde.

3. neben Unmöglichkeit und Unvermögen andere Formen der Leistungsstörungen gefunden wurden, die § 279 nicht mehr erfaßt.

---

[59] Vgl. dazu schon die Bemerkung in FN 37 und die dort zitierten Entscheidungen.

§ 5: Veränderungen des objektbezogenen Leistungsstörungsbegriffs, Hinwendung zur Berücksichtigung des Schuldnerverhaltens

I. Vorbemerkung

Es soll und kann in diesem Rahmen nicht versucht werden, eine vollständige Übersicht über die Entwicklung des Unmöglichkeitsbegriffs sowie die Entstehung neuer Leistungsstörungskategorien zu geben. Die Literatur über diese Frage ist überdies so reichhaltig, daß auch nicht einmal versucht werden kann, alles zu referieren. Der notwendigen Beschränkung auf das hier Wesentliche — die immer größere Bedeutung von Verhaltenspflichten des Schuldners — entspricht das Übergehen mancher Meinungen.

II. Änderung des Unmöglichkeitsbegriffs

1. In den Gesetzesmaterialien findet sich keine Interpretation des Begriffes Unmöglichkeit. Die Motive[1] enthalten nur den Hinweis, daß mit Unmöglichkeit die objektive Unmöglichkeit im Gegensatz zu der subjektiven gemeint sei. Im übrigen betonen sie, daß es der Natur der Sache (sic!) und dem geltenden Recht entspreche, daß die nicht zu vertretende Unmöglichkeit die Verbindlichkeit des Schuldners ausschließe[2].

Der in den Motiven[3] zu findende Hinweis auf Windscheid ergibt insofern keine Klärung, als auch dieser[4] sich auf die Unterscheidung zwischen subjektiver und objektiver Unmöglichkeit beschränkt und im übrigen ebenfalls verweist[5], nämlich auf Fr. Mommsen, dessen Ausführungen sich Windscheid schon früher angeschlossen hatte[6]. Mommsen aber, der sich bezüglich des Begriffes Unmöglichkeit wiederum Savigny angeschlossen hat[7], unterscheidet hier nur juristische und natürliche

---

[1] *Motive* Bd. II S. 44.
[2] *Motive* Bd. II S. 45.
[3] *Motive* Bd. II S. 45 FN 1.
[4] *Windscheid* Pand. II (3. Aufl.) § 264 S. 49 ff.
[5] Sternfußnote bei C Unmöglichkeit der Leistung.
[6] Nämlich schon in Heid. Kritische Zeitschrift II S. 106—145.
[7] *Mommsen* Bd. I S. 5 FN 11.

§ 5: Leistungsstörung und Schuldnerverhaltenspflichten

Unmöglichkeit. Unter natürlicher Unmöglichkeit scheint er dabei die von den Römern mit den Begriffen impedimentum naturale, si per rerum naturam stetit, quod natura fieri non concedit oder quod dari non potest, umschriebene tatsächliche Unmöglichkeit zu verstehen. Darunter fällt also auch der Untergang der geschuldeten Sache. Unter der juristischen Unmöglichkeit scheint er jene Fälle zu verstehen, in denen die rechtlichen Mittel fehlen, um den geschuldeten Erfolg herbeizuführen. Solche Fälle sind etwa die Leistung einer Sache extra commercium oder — so ein von Savigny den Digesten entnommenes Beispiel[8] — die Übereignung von Sachen, die schon im Eigentum des Gläubigers sind. Beide Fälle der Unmöglichkeit aber — und das ist hier entscheidend — nehmen nicht im geringsten Rücksicht auf das vom Schuldner gemäß seiner Verpflichtung zu erwartende Verhalten. Vielmehr sind sie allein von der Existenz des Leistungsgegenstandes oder von der allgemeinen Verwirklichungsmöglichkeit eines Erfolges abhängig[9].

2. Schon im Jahre 1900 jedoch zeigte sich in der Literatur Unbehagen an der Nichtberücksichtigung des Schuldnerverhaltens durch den Begriff der Unmöglichkeit. So schränkt Windscheid[10] — noch für das Pandektenrecht — die Leistungspflicht des Schuldners dahingehend ein, daß in den Fällen, in denen der Schuldner die Erfüllung nur mit unverhältnismäßig hohen Opfern erbringen könne, er dem Gläubiger nicht das Interesse, sondern nur den wahren Sachwert zu leisten habe. Windscheid betrachtet zwar diese Fälle der Unzumutbarkeit noch nicht als solche der Unmöglichkeit, sondern glaubt sie im BGB nur in Einzelfällen, jedoch nicht allgemein im Vertragsrecht berücksichtigen zu können[11]. Weitergehend finden sich jedoch schon in Monographien, die in demselben Jahr erschienen, die ersten Manipulationen an dem Begriff der Unmöglichkeit. So modifiziert Titze[12] den Begriff der Unmöglichkeit unter Zuhilfenahme des § 242[13], indem er formuliert[14]: „Eine Leistung ist im Rechtssinne unmöglich, wenn ihrer Bewirkung entweder unüberwindliche Hindernisse entgegenstehen oder doch wenigstens

---
[8] *Savigny* Obl. Recht I S. 383 vgl. FN d.
[9] Schon vor der Verabschiedung des BGB wiesen eindringlich *Ubbelohde* AcP 85, 118 ff., 121 und vor allem *Hartmann* Die Obligation S. 166—272 auf die Fragwürdigkeit der Unmöglichkeit als Kategorie der Leistungsstörung hin, die beide als künstlich empfanden.
[10] Pand. Bd. II (8. Aufl.) § 264, 2 b S. 85; mit Hinweis auf *Lehmann* Iherings Jahrb. 37, 235 ff.
[11] Pand. Bd. II (8. Aufl.) § 264, 2 b 4 S. 86.
[12] *Titze* Die Unmöglichkeit der Leistung nach deutschem bürgerlichen Recht — 1900.
[13] Schon hier also zeigt sich der unerträgliche Dualismus zwischen § 242 — als Ausdruck der bonae fidei iudicia — und dem Unmöglichkeitsmodell der stricti iuris actiones.
[14] aaO. S. 6 oben.

II. Änderung des Unmöglichkeitsbegriffs 61

Hindernisse, deren Überwindung dem Schuldner billigerweise nicht zugemutet werden kann." Die bisher leicht mögliche Unterscheidung zwischen Unmöglichkeit und Unvermögen wird damit aber ausgesprochen schwierig. Dies erkennt auch Titze klar, wenn er formuliert, daß damit die Grenze zwischen juristisch Möglichem und Unmöglichem flüssig wird[15]. Die Frage nach dem Vorliegen der Unmöglichkeit kann damit aber nicht mehr ohne die Berücksichtigung der dem Schuldner im einzelnen Fall durch Vertrag auferlegten Verhaltenspflichten gelöst werden. Bei der Prüfung, ob Unmöglichkeit anzunehmen ist, muß nach Titze, der diese Theorie auch durch einige bereits vorliegende Entscheidungen abzustützen vermochte[16], also gefragt werden, welches Risiko — auch für Leib und Leben — der Schuldner schon durch seinen Beruf und damit auch durch einen diesen betreffenden Vertrag auf sich genommen hat (z. B. Dachdecker oder Bergführer). Ebenso muß aber geklärt werden, ob dem Schuldner zum Zeitpunkt des Vertragsschlusses bekannt war, welche Risiken er mit dem Vertrag auf sich nahm. Schließlich muß beurteilt werden, welche Anstrengungen und Opfer normalerweise der Schuldner bei Verträgen wie dem vorliegenden zu erbringen hat. Daß auch das BGB die übermäßig schwierige Leistung der unmöglichen gleichstelle, glaubt Titze aus den §§ 251 Abs. II, 633 Abs. II S. 2 und 948 Abs. II entnehmen zu können[17].

Ebenso weist — unabhängig von Titze — auch Kisch[18] schon darauf hin, daß der Begriff der Unmöglichkeit durchaus relativ sei und sich von den bloßen Schwierigkeiten bei der Leistungserbringung allgemein nicht scharf abgrenzen lasse. Regelmäßig könne man eine Leistung, die nur mit äußerster Kraftanstrengung und unter Aufwendung ganz unverhältnismäßiger Mittel noch bewirkt werden könne, im Sinne der Rechtsordnung nicht mehr als möglich behandeln[19]. In solchen Fällen ist — so Kisch wörtlich[20] — danach „abzuwägen, inwiefern nach der Auffassung des Verkehrs und dem vernünftigen Sinn des Vertrages die — absolut noch mögliche — Leistung vom Schuldner verlangt werden darf".

---

[15] aaO. S. 4.
[16] aaO. S. 5 f.: Bayr. ObLG, Sammlung von Entscheidungen in Gegenständen des Zivilrechts und Zivilprozesses Bd. 12, 548/9; RGZ 28, 224; OLG Braunschweig Seufferts Archiv Bd. 47 Nr. 20; RG Bolzes Praxis Bd. 5 Nr. 677.
[17] aaO. S. 3 Fn. 3, S. 5 Fn. 8. Den Rechtsgedanken des § 251 II und des § 633 II S. 2 verwendet auch *Esser* SAT § 33 I 1 S. 203; ebenso *Rabel* Unmöglichkeit S. 27 ff. und S. 52 f.
[18] Unmöglichkeit S. 12 ff.
[19] aaO. S. 12 unten; dem schließt sich auch *Rabel* Unmöglichkeit S. 27 an.
[20] aaO. S. 13 oben.

§ 5: Leistungsstörung und Schuldnerverhaltenspflichten

Ebenso verlangt Kleineidam[21], daß als Moment der Leistung mehr auch das Maß der dem Schuldner durch den Vertrag oder die allgemeine Lebensauffassung zuzumutenden „Kraftanstrengung" zu berücksichtigen sei. Denn für die Frage, ob eine Leistung erbracht werden kann, sei maßgebend stets und allein das Schuldverhältnis selbst und das von ihm geforderte Leisten. Danach liege derselbe Fall, der durch die Unmöglichkeit hervorgerufen wird, nämlich daß der Schuldner etwas tun soll, was er nicht tun kann, auch dann vor, wenn der Schuldner die Leistung mit der von ihm zu erwartenden Kraftanstrengung nicht erbringen könne. Auch danach hat der Schuldner also nicht die Pflicht, mehr Kraft aufzuwenden, als er durch den Vertrag auf sich zu nehmen versprochen hat. Schon 1907 konnte Krückmann[22] mit dem Hinweis auf eine stattliche Zahl von Autoren[23] es als herrschende Meinung bezeichnen, daß auch die Unerschwinglichkeit der Leistung[24] ein Fall der Unmöglichkeit sei, wenn dem Schuldner unter den vorliegenden erschwerenden Verhältnissen die Leistung nach Treu und Glauben nicht mehr zugemutet werden könne. Auch die Rechtsprechung war — nicht zuletzt, um den unangemessenen Folgen des § 279 zu entgehen[25] — schon bald gezwungen, den Begriff der Unmöglichkeit zu modifizieren. Am deutlichsten zeigt sich der Zusammenhang zwischen der verfehlten Norm des § 279 und der modifizierenden Interpretation des Begriffes der Unmöglichkeit in *RGZ 57, 116.* Der Schuldner hatte sich verpflichtet, Baumwollsaatmehl Marke Eichenlaub aus einer bestimmten Mühle zu liefern. Die Mühle brannte ab, jedoch hatte der Eigentümer noch am Abend zuvor 2000 Zentner seiner Produktion aus der Mühle auf Elbkähne verladen. Gegen das Leistungsverlangen des Gläubigers wendet der Schuldner ein, ihm sei die Leistung unmöglich geworden.

---

[21] S. 14 f.
[22] Unmöglichkeit S. 1.
[23] Außer den Genannten FN 2 auf S. 2: *Staudinger-Kuhlenbeck* Vorbem. I 1 und 5 a zu § 275; *Cosack* Lehrbuch § 97 a, I; *Goldmann-Lilienthal* § 85 II S. 332 (2. Aufl.); *Oertmann* Vorbem. 3 zu §§ 275 ff.; *Endemann I* § 124 1 a Nr. 8; *Planck* Vorbem. 1 zu §§ 275—290.
[24] Die Fälle, die *Krückmann* Unmöglichkeit S. 2 und 3 aufzählt, zeigen, daß er unter dem Begriff der Unerschwinglichkeit nicht nur wirtschaftliche versteht, sondern auch Unzumutbarkeit aus anderen Gründen (Beisp. 5—9).
[25] Es ist recht interessant zu sehen, daß fast alle Entscheidungen, die die wirtschaftliche Unmöglichkeit — abgesehen von den Fällen der reinen Äquivalenzstörung — behandeln, Gattungsverbindlichkeiten betreffen, bei denen die Gerichte gezwungen waren, zur Unmöglichkeit zu kommen. Unvermögen nämlich, das in einigen dieser Fälle vorlag, bewirkte deswegen nicht das erwünschte Ergebnis, weil § 279 das Unvermögen generell zu einem zu vertretenden Umstand gemacht hatte.
Beispielsweise: RGZ 57, 116 ff.; 107, 156; 88, 172, 174. Reine Äquivalenzstörungen: RGZ 102, 98, 101; 102, 272, 274; 101, 79 ff. — Adler-Fall; RGZ 100, 134 — Opel-Fall; RGZ 92, 322 — Zinntuben-Fall.

II. Änderung des Unmöglichkeitsbegriffs

Nach der alten Unterscheidung zwischen objektiver und subjektiver Unmöglichkeit (alio possibilis) hätte Unmöglichkeit deswegen nicht vorliegen können, weil derjenige, an den der Eigentümer der Mühle am Abend zuvor noch 2000 Zentner abgesandt hatte, noch sehr wohl Mehl aus dieser speziellen Mühle hätte leisten können. Daß der Schuldner selbst nicht mehr in der Lage war, derartiges Mehl zu liefern, wäre demnach nach der alten Unterscheidung schlichtes Unvermögen gewesen, das der Schuldner nach § 279 unbedingt zu vertreten gehabt hätte. Dieses Ergebnis wurde aber vom RG wohl als so unangemessen empfunden, daß es — zunächst nur für § 279 — die Unmöglichkeit modifizierte. Danach sollte im Sinne des § 279 (sic!) die Leistung aus der Gattungsschuld nicht nur dann unmöglich werden, wenn die ganze Gattung untergegangen war, sondern auch dann, wenn die Beschaffung von Gegenständen der fraglichen Art so schwierig geworden war, daß sie billigerweise niemandem mehr zugemutet werden könne[26]. Für das RG hatte diese „Einschränkung" also zunächst weniger mit dem Begriff der Unmöglichkeit zu tun als mit einer einschränkenden Interpretation des § 279. Offensichtlich glaubte das RG auch noch 1916, daß diese Entscheidung im 57. Band nicht den Begriff der Unmöglichkeit allgemein, sondern nur den Begriff der Unmöglichkeit „der Leistung aus der Gattung" betreffe[27]. Erst 1923 geht das RG nicht mehr von § 279, sondern von der Allgemeingültigkeit des Begriffs der wirtschaftlichen Unmöglichkeit und dessen Geltung *auch* im Bereich des § 279 aus[28].

Jedoch nicht nur im Rahmen des § 279, sondern auch im Bereich des § 275 erwiesen sich die Leistungsstörungskategorien des BGB: „Unvermögen" und „Unmöglichkeit" als unzureichend. So konnte der gesamte Problemkreis der Äquivalenzstörung weder durch den Begriff der Unmöglichkeit noch durch den des Unvermögens erfaßt werden. Denn in der Regel war dem Schuldner in diesen Fällen die Leistung durchaus

---

[26] RGZ 57, 116, 118.

[27] Wenn es in RGZ 88, 172, 174 formuliert: „Solange die Leistung aus der Gattung möglich ist, befreit das Unvermögen den Schuldner nicht. Allerdings ist die Möglichkeit der Leistung aus der Gattung mit Rücksicht auf § 242 nur dann anzunehmen, wenn die Leistung durch Mittel ermöglicht werden kann, mit deren Anwendung nach Treu und Glauben gerechnet werden darf."

[28] RGZ 107, 156 ff., 157: Diese Unmöglichkeit ist grundsätzlich im wirtschaftlichen Sinn zu denken; Unmöglichkeit wird schon dann angenommen, wenn die Möglichkeit der Abwicklung des Kaufgeschäfts erst in einem Zeitpunkt eintreten kann, in dem wirtschaftlich für beide Teile die ursprünglichen Vertragspflichten, wenn sie erfüllt werden müßten, in wesentlicher Weise verändert wären. (RGZ 42, 114 — 6.7.1898!) Auch im Sinne des § 279 kommt es entscheidend darauf an, ob die Ware durch Mittel beschafft werden kann, mit deren Anwendung nach Treu und Glauben gerechnet werden darf!

möglich[29]. Daß diese Fälle nur schlecht und zweifelhaft gelöst werden können, wenn man versucht, sie in das Schema der BGB-Leistungsstörungen zu pressen, hat dazu geführt, daß das RG[30] schließlich ebenso wie jetzt der BGH[31] derartige Fälle nach den Regeln über die Geschäftsgrundlage behandelte. Zu Recht weist der BGH in seiner grundsätzlichen Entscheidung[31] darauf hin, daß nicht nur die Voraussetzungen, sondern auch die Rechtsfolgen der den Schuldner begünstigenden Leistungsstörungskategorien des BGB auf diese Fälle nur schlecht anwendbar seien und deswegen auch diese nicht den §§ 275 ff., sondern dem § 242 entnommen werden müßten[32].

III. Veränderungen bei den den Schuldner verpflichtenden Leistungsstörungen

Ebenso zeigte sich schon kurz nach der Entstehung des BGB, daß die Regelung nicht nur in dem den Schuldner begünstigenden, sondern auch in dem den Schuldner zu Schadensersatz verpflichtenden Bereich den Anforderungen des Verkehrs nicht entsprach.

1. Staub[33] zeigte schon 1902, daß die Beschränkung des BGB auf schuldhafte Verletzungen von Vertragspflichten, die zu Unmöglichkeit, Unvermögen oder Verzug führen, deswegen ungenügend ist, weil es auch zahlreiche Fälle von Forderungsverletzungen gibt, die nicht die vom BGB angegebenen Verletzungsfolgen hervorrufen. Lehre und Rechtsprechung haben sich der Meinung Staubs, daß auch derartige

---

[29] Vgl. die Entscheidungen des RG in RGZ 101, 79 ff. (Gattungsschuld), RGZ 100, 134, in denen ein Pkw geschuldet war, der Schuldner derartige Pkw auch durchaus noch herstellen und leisten konnte, die Gegenleistung dem neuen Kaufpreis des Wagens jedoch nicht mehr im geringsten entsprach; oder RGZ 102, 98, 101 — ein Grundstücksangebot wird auf lange Sicht gegeben, der Vertragspartner nimmt das Angebot noch zur rechten Zeit an, allerdings hat das Grundstück jetzt einen um vieles höheren Wert.
[30] Seit RGZ 103, 328; 107, 156, 159.
[31] Vgl. BHG in MDR 1953, 282.
[32] Wobei hier nicht die Gefahr übersehen werden soll, die darin liegt, daß im Rahmen des § 242 die Anpassung des Vertrags an die neue Situation dem Richter Gestaltungsmöglichkeiten eröffnet, die eigentlich den Vertragsparteien überlassen bleiben sollten. *Flume* Rechtsgeschäft § 263 S. 497 ff., insbesondere S. 500 f. versucht dieser Gefahr zu begegnen, indem er auf die Risikoverteilung des Vertrags hinweist und aus ihr die genaueren Ergebnisse erhalten will.
Esser 2. Aufl. § 34, 9 f. S. 119: Befreiungsgrund und Befreiungsmaßstab ist § 242; Befreiungsrahmen ist dagegen die Institution der §§ 275, 323, d. h. diese Normen geben an, in welcher gesetzlichen Form solche Unzumutbarkeitsfälle abzuwickeln sind.
[33] Die positive Vertragsverletzung und ihre Rechtsfolgen. In: Festgabe für den 26. Deutschen Juristentag 1902.

Leistungspflichtverletzungen des Schuldners die Rechtsfolge eines vertraglichen Schadensersatzanspruchs nach sich ziehen muß, angeschlossen.

2. Auch die Anerkennung der culpa in contrahendo durch Lehre und Rechtsprechung zeigt als weiteres Beispiel, wie wenig das BGB die Verhaltens- und Sorgfaltspflichten des Vertrags beachtet. Denn erst das von der Lehre erhärtete „Prinzip vertragsmäßiger Sorgfalt schon mit Beginn des geschäftlichen Kontaktes"[34] ergab den für die Anerkennung der c. i. c. erforderlichen Haftungsgrund[35].

IV. Veränderung im Verständnis des Schuldverhältnisses

Zu berücksichtigen ist weiterhin, daß das Schuldverhältnis heute eine andere, wesentlich erweiterte, Bedeutung hat als in der Zeit kurz nach dem Inkrafttreten des BGB[36]. Dies zeigt sich z. B. darin, daß in älteren Schuldrechtslehrbüchern nur Forderung des Gläubigers und Leistungspflicht des Schuldners Gegenstand der Abhandlung sind[37], *nicht dagegen* das Schuldverhältnis an sich und die sich aus ihm ergebenden Verhaltenspflichten, unter denen nur eine, wenn auch die grundlegend bedeutende, die Pflicht des Schuldners zur Leistung ist. Unter dem Eindruck des § 242[38] und als Folge der im BGB noch nachzuholenden Entwicklung zu den bonae fidei iudicia des römischen Rechts wurde im Laufe der Zeit jedoch immer mehr betont, daß das Schuldverhältnis neben den Leistungspflichten je nach der Art des Vertrages mehr oder minder intensive und zahlreiche Verhaltenspflichten begründe. Aus der einfachen Leistungsbeziehung, auf die die Kategorien der Leistungsstörungen im BGB zugeschnitten waren, wurde also ein Pflichtenbündel[39] oder, wie Siber[40] formuliert, ein Organismus.

---

[34] So *Esser* 2. Aufl. S. 33 § 10, 4.
[35] Denn der von *Ihering* in seinem Jahrbuch 4 S. 1 ff. noch in dem späteren Vertragsschluß gesehene Haftungsgrund genügte, wie die in der Rechtsprechung danach vorgenommene Fiktion eines stillschweigend geschlossenen Haftungsvertrags zeigt, nicht, um auch jene Fälle, in denen es zu einem Vertragsschluß nicht kam, zu erfassen. Die Rechtsprechung ging deswegen auch bald von der fiktiven Annahme ab. (RGZ 104, 267; 120, 251).
[36] So auch *Wieacker* Privatrechtsgeschichte der Neuzeit S. 519.
[37] Vgl. beispielsweise *Windscheid-Kipp* Pand. II 9. Aufl. S. 1 f. u. 5 ff., auch noch *Cosack* Lehrbuch § 132 ff.
[38] Dies, obwohl § 242 nicht nur in seinem Wortlaut, sondern auch seiner Entstehungsgeschichte nach sich zunächst nur auf die eigentliche Bewirkung der Leistung bezieht.
[39] *Larenz* § 2 I S. 4 ff.; *Esser* 2. Aufl. §§ 31—33, vor allem SAT § 3 S. 12 ff., 13. Und besonders § 3 III mit Hinweis auf *Siber*.
[40] *Siber* Schuldrecht (1931) S. 1.

V. Lösungsmöglichkeiten, um dieser Veränderung gerecht zu werden

Um dieser Entwicklung des Rechts nach 1900 auch im Bereich der Leistungsstörungen gerecht zu werden, blieben Rechtswissenschaft und Praxis drei Wege:

1. Der einfachste wäre gewesen, den Begriff der Unmöglichkeit so weit umzuformen, daß er dessen Oberbegriff, nämlich der Nichterfüllung, gleichzusetzen gewesen wäre. Die Frage, ob die Nichterfüllung den Schuldner befreit oder zum Schadensersatz verpflichtet, wäre dann ohne die Notwendigkeit, eine Unterscheidung zwischen Unmöglichkeit und Unvermögen treffen zu müssen, nur nach § 276 zu entscheiden gewesen[41]. Ansätze in dieser Richtung sind ohne Zweifel in der durch Rechtsprechung und Lehre vorgenommenen Ausweitung des Unmöglichkeitsbegriffs über § 242 zu sehen[42]. Da § 279 an der in einem solchen System nicht mehr wesentlichen Unterscheidung zwischen Unmöglichkeit und Unvermögen anknüpft, hätte er notwendigerweise seine Bedeutung verloren.

2. Einen zweiten Weg hätte man darin sehen können, daß man § 276 nicht mehr als Haftungsmaßstab — den er ja darstellt — betrachtet, sondern als Haftungsgrund, um damit den Oberbegriff der Leistungsstörungen im Gemeinen Recht, nämlich die „Verschuldung"[43] wieder in das BGB einzuführen. Die Tatbestände des Unvermögens und der Unmöglichkeit wären dann nur speziell geregelte Fälle eines allgemeinen Prinzips und hätten an Bedeutung sehr verloren. Auch in diesem System, das in seiner materiellen Aussage der oben geschilderten weit-

---

[41] Zu der Frage, ob die Unmöglichkeit für die Umwandlung des Primär- in einen Sekundäranspruch notwendig ist, vgl. § 3 Fn 58. Daß die Möglichkeit der Leistung nicht unbedingte Voraussetzung dafür ist, daß der Schuldner noch in die Primärleistung verurteilt werden kann, könnte ebenfalls aus § 283 entnommen werden. Mit diesem Hinweis rechtfertigt beispielsweise RGZ 54, 28 die Verurteilung zur Leistung, ungeachtet der vom Bekl. behaupteten objektiven Unmöglichkeit. Vgl. hierzu im übrigen *H. H. Jakobs* S. 67 ff. und 230 ff., für den (S. 234) im Prozeß die Frage der Leistungsmöglichkeit nur noch im Rahmen der Zurechenbarkeit der Nichterfüllung Gewicht hat. Schon *Rabel* Unmöglichkeit S. 7 weist darauf hin, daß nicht das öffentliche Interesse oder die Logik, sondern das Interesse des Gläubigers dafür ausschlaggebend sein müsse, ob man ein Urteil auf Naturalerfüllung auch dann für rechtlich möglich halte, wenn die Erfüllung unmöglich geworden ist. Aus diesem Grund entscheidet er sich S. 11 für das Fortbestehen der Leistungspflicht auch bei objektiver — den Schuldner nicht total befreiender — Unmöglichkeit.
[42] Vgl. die oben in FN 25—29 zit. Entscheidungen.
[43] Vgl. für alle *Brinz* Pand. Bd. II 1. Abt. 2. Aufl. (§§ 250, 251 — S. 151 ff. — Delikte; §§ 265, 267 — S. 248 ff. — Begriff der Verschuldung, insbesondere § 266, 1 S. 249 f. Vgl. auch die Hinweise in FN 7 S. 250).

V. Möglichkeiten, das Schuldnerverhalten zu berücksichtigen

gehend entspricht, wäre wenig Raum für eine Anwendung des § 279 geblieben. Diese Lösung ist ebenfalls, allerdings um vieles zurückhaltender und vorsichtiger, ansatzweise in der Rechtsprechung zu finden und zwar in der Anwendung des § 276 als Haftungsgrund für die positive Forderungsverletzung[44]. Denn nur aus dem gemeinrechtlichen Verständnis des Begriffs Verschuldung kann eine Umdeutung des § 276 in eine Norm, die nicht nur Haftungsmaßstab, sondern auch Haftungsgrundlage sein soll, überhaupt verständlich gemacht werden.

Zu Recht ist dieser Weg jedoch schon in den Anfängen bekämpft[45] und vom BGH[46] schließlich abgelehnt worden, denn er widerspricht eindeutig der Aussage des § 276.

3. Eine dritte Lösungsmöglichkeit besteht darin, den in § 242 vorgefundenen Einbruch der römisch-rechtlichen bonae fidei iudicia konsequent zu benutzen, um neben die für die Befreiungsmöglichkeit des Schuldners im BGB vorgesehenen Leistungsstörungskategorien andere zu setzen, die an die, dem Schuldner durch den Vertrag auferlegten, Verhaltenspflichten anknüpfen.

a) Als einen ersten, schon in der Rechtsprechung und weitgehend auch in der Lehre anerkannten Erfolg dieser Lösungsmöglichkeit kann man die Lehre vom Wegfall der Geschäftsgrundlage[47] bezeichnen.

b) Einen weiteren, wenn auch leider ohne Resonanz gebliebenen Versuch unternahm Krückmann[48], der zu Recht monierte, daß mit dem Begriff der wirtschaftlichen Unmöglichkeit die scharfen und klaren Grenzen des Unmöglichkeitsbegriffs überschritten würden[49]. Auch Krückmann sieht dabei übrigens, daß vor allem § 279 es war, der zu dieser „normativen Korrektur"[50] veranlaßte, und auch Krückmann empfand es als durchaus erfreulich, daß § 279 dadurch „in sein gerades

---

[44] Das RG hat in ständiger Rechtsprechung die Rechtsgrundlage für einen Schadensersatzanspruch aus positiver Vertragsverletzung in § 276 erblickt. Vgl. RGZ 52, 18 bis 138, 365, insbes. 106, 25 ff. Wie die Rechtsprechung auch *Dernburg* DJZ 1903, 1; *Düringer-Hachenburg* HGB IV S. 324.
[45] *Enneccerus-Lehmann* § 55 II 1 S. 229.
[46] BGHZ 11, 80, 84.
[47] Es ist hier nicht der Ort, um all die schwierigen und größtenteils umstrittenen Fragen im Bereich der Lehre vom Wegfall der Geschäftsgrundlage auch nur kursorisch anzudeuten. Hier ist nur von Bedeutung, daß durch die Anerkennung dieser Lehre ein erster Schritt getan ist, um zugunsten des Schuldners auch dessen Aufwendungspflicht wirken zu lassen.
[48] *Krückmann* Institutionen 5. Aufl. S. 455 ff.; Unmöglichkeit AcP 101, 1; Iherings Jahrb. 57, 93; 59, 128.
[49] *Ders.* Institutionen S. 453. Daß Krückmann den impetus dadurch erhalten hatte, daß er den Unmöglichkeitsbegriff *rein* erhalten wollte, mag sein und kann hier dahingestellt bleiben.
[50] So z. B. *Reimer Schmidt* in *Soergel-Siebert* Vorbem. 20 vor § 275.

Gegenteil" verkehrt wurde, denn auch er bezeichnet diese Norm als „gesetzgeberischen Mißgriff"[51]. Zu Recht weist Krückmann darauf hin, daß der Begriff der wirtschaftlichen Unmöglichkeit auch deswegen verfehlt sei, weil die Rechtsfolgen der Unmöglichkeit auf diese Fälle gerade nicht anwendbar seien[52]. Denn einmal könne es dem gewissenhaften Schuldner doch nicht verwehrt werden, wenn er die Leistung erbringen wolle, obwohl sie ihn unzumutbare Opfer koste. Zum anderen aber sei gerade die Unzumutbarkeit selten von längerer Dauer, weswegen der Schuldner durch sie keineswegs für immer befreit werden solle. Vielmehr solle er weiter aus der alten Schuld verpflichtet sein, wenn der Grund für die Unzumutbarkeit wegfalle[53].

Aus der Tatsache, daß weder der Unmöglichkeitsbegriff noch dessen Rechtsfolge auf die Fälle der Unzumutbarkeit ohne weiteres anzuwenden sind, schließt Krückmann konsequent auf die Notwendigkeit, dem Schuldner in diesen Fällen eine Einrede zuzugestehen. Denn nur eine Einrede als Leistungsverweigerungsrecht erscheint ihm als das dieser Leistungsstörung sachlich Angemessene. So formulierte Krückmann seine Einrede „aus entgegenstehendem gewichtigen Interesse oder aus gewichtigem Grund"[54].

Den Rechtsgrund für diese Einrede sieht Krückmann allerdings in § 285 und zwar deswegen, weil § 285 voraussetze, daß die Leistungspflicht an sich nicht untergehe, der Schuldner aber nicht haftbar werde, wenn er dennoch nicht leiste. Dies — so Krückmann — sei aber genau der Fall der Einrede aus entgegenstehendem gewichtigen eigenen Interesse[55]. Dabei beachtet er allerdings zu wenig, daß § 285 dem Schuldner nur die Möglichkeit gibt, sich gegen den Anspruch des Gläubigers auf Ersatz des Verzugsschadens zu wehren, daß § 285 zunächst aber keine Einrede gegen das Leistungsbegehren des Gläubigers darstellen kann.

c) Die Lehre Krückmanns fand weder in der Lehre noch in der Rechtsprechung genügenden Anklang. Jedoch finden sich in neuester

---

[51] *Krückmann* Institutionen S. 455; ebenso ders. in Einführung § 4 III 3 S. 86, wobei er allerdings § 279 merkwürdig interpretiert (nach § 279 wird bei Gattungsschulden die Leistung erst dann unmöglich, wenn von der ganzen Gattung nichts mehr übrig ist).
[52] Eine Erkenntnis, die dann auch Rechtsprechung und Lehre veranlaßt hat, diese Fälle z. T. mit dem Wegfall der Geschäftsgrundlage zu lösen. *Krückmann* Institutionen S. 458.
[53] *Krückmann* Unmöglichkeit S. 5 ff. mit dem Beispiel, daß der Mieter von seiner Räumungspflicht deswegen befreit sein soll, weil er durch eine schwere Krankheit transportunfähig ist.
[54] *Ders.* Institutionen S. 457 und Unmöglichkeit S. 7.
[55] *Ders.* Institutionen S. 461.

V. Möglichkeiten, das Schuldnerverhalten zu berücksichtigen

Zeit wieder Argumente, die sich — wenn auch nicht mit Hinweis auf Krückmann — dieser Theorie sehr annähern. Die immer stärker werdende Ablehnung des Begriffs der wirtschaftlichen Unmöglichkeit[56] machte es notwendig, in diesen Fällen dem Schuldner andere Abwehrrechte an die Hand zu geben. So geht z. B. auch Esser davon aus, daß die im rechtlichen oder tatsächlichen Sinn noch mögliche, infolge nachträglich eintretender persönlicher oder wirtschaftlicher Hindernisse mit zumutbaren Mitteln nicht mehr zu erbringende Leistung den Schuldner zwar befreit, diese Befreiung aber nicht auf einer ausdehnenden Anwendung der Unmöglichkeitsregeln beruht, sondern auf den Tatbeständen der unzulässigen Rechtsausübung[57]. Allerdings bleibt Esser nicht konsequent, wenn er den Begriff der wirtschaftlichen Unmöglichkeit weiterhin verwendet. Sein Versuch, dadurch einen Unterschied zu den Tatbeständen der unzulässigen Rechtsausübung herbeizuführen, daß er das zusätzliche Erfordernis aufstellt, die Leistung müsse jedem Schuldner *„in dieser Lage"* unaufbringliche Beschaffungskosten auferlegen, ist wenig überzeugend[58]. Konsequent wäre es gewesen, die Unmöglichkeit auf die Fälle der naturgesetzlichen, faktischen und rechtlichen Unerbringlichkeit[59] zu beschränken. „Unmöglich" hätte dann im rechtlichen dieselbe Bedeutung wie im allgemeinen Sprachgebrauch. Allerdings hätten die §§ 275 ff. ihre zentrale Bedeutung verloren, denn sie regelten dann nur noch eine von mehreren Entlastungsmöglichkeiten des Schuldners.

Im Bereich der Leistungsstörungen, die dem Schuldner eine Einrede aus § 242 geben[60], erhält die Frage nach dem durch den Vertrag

---

[56] z. B. *Larenz* § 21 I e S. 234. Larenz will, nachdem er gewichtige Bedenken gegen die Gleichstellung der Unmöglichkeit mit der Unzumutbarkeit geltend gemacht hat, auf die Fälle der wirtschaftlichen Unmöglichkeit jeweils die Lehre vom Wegfall der Geschäftsgrundlage anwenden, wobei er unter wirtschaftlicher Unmöglichkeit offensichtlich vor allem den Bereich der Äquivalenzstörungen versteht. Die echten Fälle der Unzumutbarkeit (Rücksicht auf Leben, Gesundheit etc.) will dagegen auch Larenz mit einer Einrede aus § 242 lösen; *Larenz* § 10 II c S. 108. Vgl. weiterhin die Hinweise bei *Larenz* FN 1; a. A.: *Reimer-Schmidt* in Soergel-Siebert § 275 Anm. 20.
[57] *Esser* 2. Aufl. S. 118 § 34, 9; *ders.* SAT § 6 III 6 S. 41 ff. S. 42: „Die auf gegenständliche Nichterbringlichkeit der Leistung zugeschnittenen Unmöglichkeitsregeln passen nicht."
[58] *Esser* 2. Aufl. § 77, 4 a S. 333; *ders.* SAT § 33 I 1 S. 203. Wie ungeeignet die Leistungsmöglichkeit anderer im Bereich der Unzumutbarkeit oder der Unbilligkeit als Kriterium ist, hat schon *Krückmann* Unmöglichkeit S. 65 nachgewiesen. Außerdem gibt die Formel „jedem Schuldner in dieser Lage" die Möglichkeit, jeden Fall des Unvermögens als Unmöglichkeit zu deklarieren. Denn gerade die Lage des Schuldners führt, wenn sie bei Dritten so nicht vorliegt, zu den Fällen des Unvermögens.
[59] Wobei unter den Begriff der faktischen Unmöglichkeit auch die offensichtlich unsinnigen Möglichkeiten fallen.
[60] Die also nicht den Regeln der §§ 275 ff. unterliegen.

übernommenen Leistungsrisiko aber sehr viel größere Bedeutung als im Rahmen der Regelungen über die Unmöglichkeit. Während nämlich die Unmöglichkeit völlig unabhängig davon vorliegt, welche Risiken der Schuldner durch den Vertrag übernommen hat[61] — diese Frage kann höchstens im Rahmen der Vertretbarkeitsprüfung Bedeutung haben — muß das Vorliegen der Unzumutbarkeit schon dann abgelehnt werden, wenn der Schuldner eine mögliche Leistungserschwerung bewußt in sein Risiko genommen hat. Damit ist in dem Bereich der Leistungshindernisse, die eine Einrede aus § 242 geben, die Leistungspflicht des Schuldners nicht mehr mit der Existenz des Leistungsgegenstandes verknüpft. Vielmehr entscheiden hier die durch Vertrag vom Schuldner übernommenen Verhaltenspflichten und die Risikoverteilung des Vertrages darüber, ob der Schuldner zur Erbringung der Leistung noch verpflichtet ist.

---

[61] *Esser* 2. Aufl. § 34, 9 S. 117 f.; *Ballerstedt* aaO. S. 274 mit Hinweis auf *Würdinger* SJZ 1950, 81, 89 f.

§ 6: Aus dieser Entwicklung der Leistungsstörungen für § 279 folgende Konsequenzen

I. Neue Einteilung der Schuldarten

Die Bedeutungslosigkeit der Existenz der Sache oder der Möglichkeit der Leistung in dem weiten Bereich der vom BGB nicht gesehenen Leistungsstörungen beeinflußt auch die Bedeutung der vom BGB für wesentlich gehaltenen Unterscheidung der Leistungsverpflichtungen nach der Bestimmung des Leistungsgegenstandes in Gattungs- und Speziesschulden.

Was schon kurz nach dem Inkrafttreten des BGB an vielen Stellen angedeutet wurde[1], tritt jetzt klar zutage: entscheidend ist das vom Schuldner als Pflicht durch Vertrag übernommene Verhalten. Der Schuldner kann versprechen, eine Sache, die er bereits im Eigentum hat zu leisten, d. h. zu übereignen. Er kann aber auch versprechen, eine Sache zu beschaffen *und* zu übereignen. Dieses Verhalten wird man vom Schuldner einer Gattungsschuld häufig, aber nicht immer und auch nicht immer nur von ihm erwarten. Daraus hat zu Recht Ballerstedt die Konsequenz gezogen[2], indem er eine Neueinteilung der Gattungsschuld nach dem vom Schuldner zu erwartenden Verhalten vornahm. Ballerstedt unterscheidet danach die Typen der marktbezogenen und der einfachen Gattungsschuld und der Schuld auf Leistung aus einem Vorrat.

Ballerstedt folgend soll hier von dem marktbezogenen Geschäft an sich als dem *Beschaffungsgeschäft* und dem Geschäft, das nur die Übereignung einer eigenen Sache betrifft, als dem *einfachen Leistungsgeschäft* ausgegangen werden. Der von Ballerstedt vorgeschlagene Typ des einfachen Gattungsgeschäfts, bei dem die Beschaffungspflicht des Schuldners nur subsidiär ist, soll hier nicht eigens behandelt werden, weil er als Unterfall des Beschaffungsgeschäfts verstanden wird.

Der Begriff des Beschaffungsgeschäfts wird hier dem des marktbezogenen Gattungsgeschäfts vorgezogen, um deutlich zu machen, daß

---

[1] Vgl. *Kisch* Gattungsschuld — Wahlschuld S. 88; Unmöglichkeit S. 110; *Heymann* aaO. S. 157 f.; ähnlich wohl auch die Anknüpfung an das finanzielle Unvermögen bei *Henle* Schuldrecht S. 172; *Brecht* aaO. S. 236; *Oertmann* Anm. 3 zu § 279; *Baetge* Handwörterbuch aaO. S. 633 li. Sp.
[2] aaO. S. 265.

bei einer Unterscheidung nach den Verhaltenspflichten der Begriff Gattung bedeutungslos wird. Damit soll deutlich gemacht werden, daß nicht nur die Verpflichtung zur Beschaffung von Gattungsgegenständen, sondern auch die Verpflichtung zur Beschaffung einer species unter den Begriff des Beschaffungsgeschäfts fallen sollen[3].

II. Bedeutung der Änderung für den Begriff des Unvermögens in § 279

Die Unterscheidung der Obligationen erfolgt also nicht mehr nach der Bestimmtheit des Leistungsgegenstandes, wie dies der Gesetzgeber wollte, sondern nach den grundsätzlich verschiedenen Verhaltensanforderungen, die dem Schuldner durch die Obligation auferlegt werden. Durch die ausdehnende Interpretation des § 279 — seine Anwendung auch auf die Verpflichtung zur Beschaffung einer species — haben Rechtsprechung und h. L.[4] diese Änderung der Unterscheidungskriterien im Grunde schon anerkannt. Verwendet wird dieses Unterscheidungskriterium weiterhin, um die Einschränkung dieser Norm zu begründen. Die Berechtigung der einschränkenden Interpretation wurde nämlich aus dem „Wesen der Gattungsschuld" hergeleitet[5]. Als Wesen der Gattungsschuld aber wird bezeichnet, daß es dem Schuldner möglich ist, den Leistungsgegenstand auszuwählen *und zu beschaffen*[6]. Also ist die Beschaffungsmöglichkeit schon hier der Grund der schärferen Haftung[7]. Diese neuen Unterscheidungskriterien erlauben weiterhin aber auch, den Begriff des Unvermögens neu einzugrenzen und dadurch eine einfachere Begründung für die von der h. M. vorgenommene einengende Interpretation — § 279 nicht für alle Unvermögensfälle anwendbar — des § 279 zu geben.

1. Der wesentliche Unterschied zwischen Unmöglichkeit und Unvermögen wird auch heute noch immer — trotz des Begriffs der wirtschaftlichen Unmöglichkeit — darin gesehen, daß die Unmöglichkeit für jedermann gilt, das Unvermögen im Gegensatz dazu gerade nur für den Schuldner[8]. Das bedeutet aber, daß in jedem Fall des Unvermö-

---

[3] Daß die Haftung des Schuldners bei der Verpflichtung zur Beschaffung einer species möglicherweise eine andere ist als bei der Beschaffung eines Gattungsgegenstandes, soll dabei zunächst unberücksichtigt bleiben.
[4] Vgl. oben § 4 II.
[5] *Kisch* Unmöglichkeit S. 117; *E. Heymann* S. 157.
[6] *E. Heymann* S. 151.
[7] Wenn hier auch offensichtlich noch davon ausgegangen wird, daß Gattungsschuld immer Beschaffungsschuld sei, die beiden Schuldarten also immer zusammenfallen.
[8] Zu dieser Unterscheidung vgl. oben § 2 II 2 und die FN 22—27; gegen diese Unterscheidung (polemisch: „famoser Dritter") *Rabel* Unmöglichkeit S. 34.

II. Unvermögen im Sinne des § 279

gens der Schuldner seine Leistung noch dadurch bewirken könnte, daß er entweder einen leistungsfähigen Dritten zur Leistung veranlaßt oder, daß er sich den Leistungsgegenstand beschafft, um ihn selbst seinem Gläubiger zu übergeben[9]. Diese weitere Leistungsmöglichkeit kann im Einzelfall dem Schuldner tatsächlich auch keinerlei Schwierigkeiten machen. Ist dem leistungsfähigen Dritten der Leistungsgegenstand feil oder ist er etwa selbst ohne weiteres bereit, die Leistung zu erbringen, wird die Einschaltung des Dritten regelmäßig im Interesse des Schuldners liegen. Denn immerhin kann es ihm dadurch möglich werden, dem § 323 zu entgehen und sich den Anspruch auf die Gegenleistung zu erhalten. Nur in den Fällen, in denen dem Dritten der Leistungsgegenstand nicht oder nur gegen eine seinen Wert weit übersteigende Gegenleistung feil ist, liegt in einem solchen Fall des Unvermögens zugleich Unzumutbarkeit vor[10].

Die Leistungsstörungskategorie des Unvermögens hat aber nach der einhelligen Meinung in Literatur und Rechtsprechung ihre Existenzberechtigung neben der Befreiungsmöglichkeit des Schuldners wegen Unzumutbarkeit nicht verloren[11]. Jedoch kann die Existenzberechtigung des Unvermögens nur dann bejaht werden, wenn neben dem Gedanken der tatsächlichen Zumutbarkeit eine weitere Grenze für die Leistungspflicht des Schuldners besteht. Eine solche Grenze könnte — wie die Definition des Unvermögens im Gegensatz zur Unmöglichkeit schon andeutet — bei der vom BGB als normal angesehenen Schuldnerverpflichtung in der Überschreitung des schuldnerischen Rechtsbereichs liegen. Der Normalfall der Leistungsverpflichtung, von dem das BGB in § 275 II ausgeht, ist im Bereich der Sachleistungsverpflichtung jene, in der der Schuldner die Leistung eines Gegenstandes aus seinem eigenen Rechtsbereich verspricht. In den Rechtsbereich des Schuldners gehören alle Gegenstände, die der Schuldner entweder schon in seiner

---

[9] Gehen bei einem Dienstvertrag beide Parteien davon aus, daß an sich der Schuldner die Dienstleistung erbringen soll, muß danach unterschieden werden, ob *nur* die Dienstleistung gerade des Schuldners erwünscht wird oder ob *jedermann* sie erbringen kann. Im ersten Fall liegt Unmöglichkeit vor, wenn der Schuldner verhindert ist und im zweiten Fall Unvermögen, das der Schuldner wieder dadurch beheben könnte, daß er einen Ersatzmann besorgte.

[10] Nur insofern kann Krückmann also recht gegeben werden, wenn er das Unvermögen als einen Spezialfall der Unzumutbarkeit bezeichnet. Zu Recht verweist *Krückmann* Unmöglichkeit S. 68 (bei der Prüfung des § 2170 II) allerdings darauf, daß im Regelfall der zur Leistung nicht bereite Dritte durch ein unsinnig hohes Angebot des Schuldners zu der Erbringung der Leistung veranlaßt werden kann.

[11] a. A. offensichtlich *H. H. Jakobs* S. 160 ff., vgl. insbesondere FN 109, wenn er der These Krückmanns zustimmt, ein Unvermögen im Sinn des § 275 II gebe es nicht, da zwischen Unvermögen und überobligationsmäßiger Schwierigkeit keine Grenze gezogen werden könne!

Verfügungsgewalt hat oder auf Grund sachenrechtlicher oder schuldrechtlicher Ansprüche in seine Verfügungsgewalt bekommen kann. Eine über seinen Rechtsbereich hinausgehende Aktivität des Schuldners, die beispielsweise der Beschaffung eines Leistungsgegenstandes dient, wird von ihm normalerweise nicht erwartet. Ebensowenig aber wird dem Gläubiger normalerweise zugemutet werden müssen, daß der Schuldner sich den Anspruch auf die Gegenleistung durch eine Beschaffung erhält, die der Gläubiger gar nicht von ihm erwartet hat. Die Anerkennung des Unvermögens als eigene Leistungsstörungskategorie ermöglicht Schuldner und Gläubiger (275/323) demnach die Berufung darauf, daß die Leistung *aus dem Rechtsbereich des Schuldners* nicht mehr möglich ist. Unvermögen liegt danach also immer dann vor, wenn der Schuldner zur Erbringung der Leistung notwendigerweise einen Dritten einzuschalten hätte, der ihm gegenüber durch nichts, auch nicht durch eine Obligation, verpflichtet ist, die Leistung zu erbringen.

Unvermögen — wenn auch im Regelfall zu vertretendes — wird also beispielsweise in dem Fall zu bejahen sein, in dem der Verkäufer einer species den Leistungsgegenstand an einen Dritten ebenfalls verkauft und bereits übereignet hat. Hier müßte der Schuldner zur Erbringung der Leistung nämlich notwendigerweise Vertragsverhandlungen zu einem Dritten aufnehmen, der bezüglich der Verwendung des Leistungsgegenstandes ungebunden ist. Dagegen würde Unvermögen nicht unbedingt in dem Fall anzunehmen sein, in dem ein Dieb dem Schuldner den Leistungsgegenstand wegnimmt. In diesem Fall müßte der Schuldner zur Ermöglichung der Leistung keine Anstrengungen unternehmen, die darauf hingingen, den leistungsfähigen Dritten zu verpflichten. Denn in diesem Fall steht dem Schuldner ja ein Anspruch gegen den Dritten — den Dieb — auf Herausgabe der Sache zu. Unvermögen liegt aber nicht nur vor bei rechtlicher Unerreichbarkeit, sondern — wie sich aus § 281 ergibt — auch bei tatsächlicher Unerreichbarkeit[12]. Der Begriff des Unvermögens läßt sich also unterteilen in die faktische und die rechtliche Unerreichbarkeit des Leistungsgegenstandes. Unter tatsächlicher Unerreichbarkeit ist dabei jener Fall zu verstehen, in dem der Schuldner einen Anspruch gegen den leistungsfähigen Dritten hat, diesen aber nicht kennt. Unter rechtlicher Unerreichbarkeit dagegen soll der Fall verstanden werden, in dem der Schuldner den leistungsfähigen Dritten zwar wohl kennt, diesen aber nicht aus eigenem Recht zur Erbringung der Leistung verpflichten

---

[12] Unvermögen wird man allerdings auch in den Fällen anzunehmen haben, in denen beispielsweise der Dieb nicht mehr erreichbar ist, der Leistungsgegenstand also praktisch dem Zugriff aller entzogen wurde.

II. Unvermögen im Sinne des § 279

kann. Beide Einwände sind im Bereich der einfachen Leistungsschuld gem. §§ 275 Abs. II, 280, 276 zu beachten.

Damit wird eine zu den Ausführungen Roths[13] genau entgegengesetzte Position eingenommen. Der Versuch Roths, den § 279 und damit die Beschaffungspflicht auf alle Schulden und damit auch auf die einfache Leistungsschuld auszudehnen, hebt das Unvermögen als eigene Leistungsstörungskategorie auf und ersetzt es durch den allgemeinen Leistungsstörungsbegriff der Unzumutbarkeit. Im Ergebnis will Roth also die Anwendung des § 275 Abs. II nach allgemeinen Erwägungen der Zumutbarkeit beurteilen. Damit aber muß er sich entgegenhalten lassen, was Krückmann[14] den Vertretern der Lehre von der wirtschaftlichen Unmöglichkeit entgegenhielt, daß nämlich in jedem Fall der Unzumutbarkeit die Rechtsfolgen des § 275 nicht passen, da sie vor allem die subjektiven Seiten der Unzumutbarkeit zu wenig berücksichtigen. Im übrigen bewirkt die Durchsetzung des Unvermögens mit Zumutbarkeitserwägungen Unsicherheit vor allem auch bei dem Gläubiger, der jetzt noch schwerer zu beurteilen vermag, ob Unvermögen vorliegt und er sich damit auf § 323 oder 325 berufen kann[15].

2. Die dem Schuldner über das Unvermögen im Regelfall nicht zugemutete Beschaffungspflicht *stellt aber gerade die Besonderheit der Beschaffungsschuld* und damit auch des Teils der Gattungsschulden dar, in dem vom Schuldner eine Beschaffung des Leistungsgegenstandes auf dem Markt erwartet wird. Wenn § 279 also im Falle des Unvermögens nicht befreit, sondern zur Leistung von Schadensersatz verpflichtet, liegt es nahe, daß das Gesetz damit nur der Besonderheit der Beschaffungsschuld Rechnung getragen hat. Die spezifische Pflicht des Beschaffungsschuldners, nämlich die Leistung durch Bemühungen bei Dritten zu ermöglichen, erfordert sowohl die Kenntnis leistungsfähiger Dritter als auch die Aufnahme rechtlicher Beziehungen zu diesen. Durch die Anerkennung einer Leistungsstörungskategorie, die gerade diese beiden Dinge als unzumutbar bezeichnet, würden diese typischen Pflichten wieder aufgehoben. Damit läßt sich einmal einleuchtend begründen, daß § 279 den Schuldner nur bei jenem Unvermögen schadensersatzpflichtig machen will, das die besondere Verpflichtung der Beschaffungsschulden betrifft, also das Unvermögen der Beschaffung. Dem Schuldner sollte durch § 279 demnach sowohl der

---

[13] aaO. S. 101 ff., 104.
[14] Unmöglichkeit S. 1 ff., insbesondere S. 2 und 3.
[15] Auch der Gl. verdient insoweit Schutz, als er wissen muß, ob seine Verpflichtung zur Erbringung der Gegenleistung noch besteht.

Einwand, er kenne keinen leistungsfähigen Dritten, als auch der Einwand, der leistungsfähige Dritte sei ihm nicht verpflichtet, genommen werden. Zum andern ergibt sich daraus, daß die Anwendung des § 279 auf Vorratsschulden, die bei einer Unterscheidung zwischen Beschaffungs- und einfacher Leistungsschuld ja der letzteren zuzuordnen sind, ausgesprochen zweifelhaft ist.

§ 7: Die Behandlung von Vorratsschulden

I. Ausgangspunkt:
Der tatsächliche Unterschied Spezies — Vorratsschuld

Als Grund für eine Sonderbehandlung der Vorratsschuld im Verhältnis zur einfachen Speziesschuld wäre ein tatsächlicher Unterschied nötig. Eine rechtlich verschiedene Behandlung ohne Rücksicht auf tatsächliche Unterschiede müßte sich dem Vorwurf der Willkür aussetzen.

1. Der Unterschied in der Bestimmung der Leistungsgegenstände — einmal speziell, einmal generell — den die Verfasser des BGB in § 279 für wesentlich gehalten haben, hat im Rahmen der Leistungsstörungen die ihm vom Gesetz zugeschriebene wesentliche Bedeutung verloren. Die generelle Bestimmung eines Leistungsgegenstandes allein stellt keine Entscheidung über Beschaffungspflichten dar. *Zwar kann die generelle Bestimmung Indiz für die Beschaffbarkeit des Leistungsgegenstandes und damit für eine Beschaffungspflicht des Schuldners sein.* Diese Indizwirkung kann aber gerade bei der generellen Bestimmung von Vorratsschulden nicht eintreten, da in diesen Fällen der Schuldner nach der Vorstellung der Parteien den Leistungsgegenstand nicht beschaffen, sondern seinem eigenen Rechtsbereich entnehmen soll.

2. Der verbleibende Unterschied zeigt sich vor dem möglichen Eintritt von Leistungsstörungen in der Verknüpfung der Leistungspflicht mit dem einzelnen Gegenstand. Dieser häufig mit der gemeinrechtlichen Parömie „genus perire non censetur" umschriebene Gegensatz der Gattungsschuld zur Speziesschuld ist aber, wie oben gezeigt wurde, in § 279 nicht geregelt, sondern hat seinen gesetzgeberischen Ausdruck in § 243 Abs. II gefunden.

3. Da sich ein weiterer Unterschied zwischen der einfachen Spezies- und der Vorratsschuld nicht ergibt — beides sind einfache Leistungsschulden — ist auch eine unterschiedliche Behandlung der beiden nicht gerechtfertigt. Danach gilt bei der Vorratsschuld § 275 Abs. II, d. h. auch den Vorratsschuldner befreit das Unvermögen, obwohl er einen nur der Gattung nach bestimmten Gegenstand zu leisten hat, es sei denn, er habe dieses Unvermögen zu vertreten — §§ 276, 280. Kommt dem Vorratsschuldner also beispielsweise sein Vorrat durch Diebstahl abhanden, so wird er wie der Speziesschuldner nach §§ 275, 276 frei,

wenn er den Diebstahl nicht durch fahrlässiges Verhalten ermöglicht hat.

4. Daraus ergibt sich aber zwingend auch, daß Gattungsschuld im Sinne des § 279 nicht dasselbe ist wie Gattungsschuld in § 243 Abs. II. Während § 243 Abs. II damit nur den tatsächlich bestehenden Unterschied zur Speziesschuld in der Bestimmtheit des Leistungsgegenstandes meint, ist *diese* Unterscheidung für § 279 offensichtlich nicht entscheidend.

II. Vergleich des gewonnenen Ergebnisses mit der Interessenlage der Parteien

Daß dieses Ergebnis nicht nur theoretisch begründbar ist, sondern auch der Interessenlage entspricht, zeigt sich an folgenden sechs Fällen, die bisher entweder umstritten waren oder nur mit „Kunstgriffen" interessengerecht gelöst werden konnten[1]. Besonders wird darauf hinzuweisen sein, daß als interessengerecht sich immer eine Haftung des Schuldners nach §§ 275, 276, 280 erweist und daß die „Kunstgriffe" nur dazu dienen sollten, den Schuldner vor der scharfen und bedingungslosen Haftung des § 279 zu bewahren[2].

Fall 1: Ein Dieb stiehlt den gesamten Vorrat[3], aus dem der Schuldner die Leistung versprochen hat. Untergang durch Verzehr oder ähnliches soll ausgeschlossen sein.

Fall 2: Ein Teil des Vorrats, aus dem der Schuldner zu leisten hat, geht unter. Der Restbestand genügt nicht, um alle Gläubiger zu befriedigen[4].

Fall 3: Der Vorrat, aus dem der Schuldner zu leisten hat, geht unter. Kurz zuvor hat der Schuldner jedoch einen großen Teil des Vorrats an einen Dritten übereignet. Dieser an den Dritten übereignete Teil der Warenmenge hätte zur Befriedigung des Gläubigers ausgereicht[5].

---

[1] Als völlig unproblematisch können hier alle Fälle unberücksichtigt bleiben, die Gattungsschulden *nach* Konkretisierung betreffen. Ebenso können — nachdem ganz zu Anfang der Arbeit geschildert wurde, daß die Leistung einer Sachgesamtheit eine Speziesleistung darstellt — die Fälle der Leistungsstörungen in diesem Bereich unberücksichtigt bleiben. Geht der ganze Vorrat unter, ergibt sich die Haftung des Schuldners sogar nach § 279 aus §§ 275, 276, 280.
[2] Vgl. RGZ 57, 116 ff.; 107, 156; 88, 172, 174.
[3] In Anlehnung an *Kisch* Gattungsschuld — Wahlschuld S. 86.
[4] Problem der sogenannten Gefahrengemeinschaft. Vgl. die grundsätzlichen Entscheidungen des RG in RGZ 84, 125 ff.; 94, 17; 95, 264, 268. Weitere Angaben bei *de Boor:* Kollision von Forderungsrechten, S. 136 und *Erman* § 279 Anm. 2 und § 275 Anm. 3.
[5] Ähnelt dem Sachverhalt, der RGZ 57, 116 ff zugrunde liegt. Der Unterschied besteht nur darin, daß in RGZ 57, 116 der Verpflichtete und der Eigentümer des Vorrats verschiedene Personen sind, der Schuldner also zur Beschaffung beim Vorratseigentümer verpflichtet war.

II. Einzelfälle

Fall 4: Der Schuldner verkauft und übereignet den gesamten Vorrat an einen Dritten, nachdem er die dem Gläubiger zu leistende Warenmenge ausgesondert, aber noch nicht konkretisiert hat[6].

Fall 5: Der Schuldner verkauft und übereignet seinen gesamten Vorrat an einen Dritten und ist deswegen nicht mehr in der Lage, den Gläubiger zu befriedigen.

Fall 6: Der Schuldner verkauft weit mehr Waren, als er in seinem Vorrat hat.

1. Wird z. B. dem Verkäufer, der 10 l Wein aus einem bestimmten Faß zu liefern versprochen hat, das ganze Faß gestohlen, so ist die Leistung aus dem Vorrat dem Schuldner unmöglich geworden. Da der Dieb die geschuldete Ware aber noch leisten könnte, solange der Wein nicht untergegangen ist, liegt nach dem allgemein anerkannten Grundsatz für die Unterscheidung zwischen objektiver und subjektiver Unmöglichkeit („alio possibilis") ein Fall des Unvermögens vor[7].

Da es sich also um Unvermögen eines Gattungsschuldners handelt, ist § 279 seinem Wortlaut nach anwendbar.

a) Würde man jedoch in diesem Fall eine schematische Anwendung des § 279 bejahen, käme man zu einem offensichtlich unhaltbaren Ergebnis. Denn hätte der Schuldner das ganze Faß verkauft, wäre er durch den Diebstahl gem. § 275 Abs. II frei geworden, wenn er diesen Diebstahl nicht durch mangelnde Sicherung des Fasses gem. § 276 zu vertreten hätte. Zu Recht findet es Kisch[8] uneinsichtig, daß der Schuldner nur deswegen haften soll, weil er versprochen hat, weniger als das Gestohlene zu leisten, wenn er formuliert: „Der Schuldner kann nicht, wenn er auf weniger verpflichtet ist, schärfer haften als wenn er mehr schuldet."

b) Um diesem sich aus § 279 ergebenden, der Interessenlage aber eklatant widersprechenden Ergebnis zu entgehen, fand man die beiden folgenden Kunstgriffe:

---

[6] Ebenfalls in Anlehnung an *Kisch* Gattungsschuld — Wahlschuld S. 92.
[7] Daß der Diebstahl eines Leistungsgegenstandes nicht nur Unvermögen, sondern Unmöglichkeit bewirke, wird, soweit ich sehe, nur noch von *Enneccerus-Lehmann* 14. Aufl. § 29 I 3 S. 125 mit Hinweis auf RGZ 105, 349 ff., 351 vertreten. Früher so auch *Larenz* Schuldrecht AT 7. Aufl. § 7 II. Der Verweis auf RGZ 105, 351 ist übrigens fehlerhaft, denn das RG stellt dort nicht den Satz auf, daß die Leistung dem Bestohlenen unmöglich sei, sondern, daß die Verpflichtung zur Übertragung einer gestohlenen Sache wegen § 935 so lange objektiv unmöglich sei, als mit der Zustimmung des Eigentümers nicht zu rechnen sei. Diese Meinung ist zwar ebenfalls irrig, kann aber nicht in dem von Enneccerus-Lehmann gewollten Sinne verstanden werden. Dafür, daß nur Unvermögen vorliegt: *Esser* 2. Aufl. § 77, 4 S. 333; BGHZ 8, 231; jetzt auch *Larenz* § 8 II S. 87.
[8] *Kisch* Gattungsschuld — Wahlschuld S. 87.

§ 7: Die Behandlung von Vorratsschulden

aa) § 279 könne nicht angewandt werden, wenn der Diebstahl des Vorrats nicht Unvermögen, sondern Unmöglichkeit bewirke. Das Vorliegen objektiver Unmöglichkeit könne man aber begründen, indem man das Leistenkönnen *eines* anderen, der nicht bestimmbar und erreichbar ist, als unerheblich bezeichne und für entscheidend die praktische Lieferbarkeit halte[9]. Allerdings bleibt auch dann, wenn man sich dieser Meinung anschließt, Voraussetzung für die Nichtanwendung des § 279 immerhin das spurlose Verschwinden des Vorrats[10]. Unvermögen verlangt aber nicht, daß den Parteien oder einer von ihr der leistungsfähige Dritte bekannt ist. Im Gegenteil liegt auch Unvermögen und nicht Unmöglichkeit vor, wenn den Parteien diese Kenntnis fehlt. Eine andere Entscheidung würde das Vorliegen von Unvermögen oder Unmöglichkeit von der subjektiven Kenntnis der Parteien abhängig machen und damit die wesentliche Unterscheidung zwischen Unvermögen und Unmöglichkeit aufgeben.

bb) Die Befreiung des Schuldners von seiner Verbindlichkeit könnte man auch so begründen: wesentlich sei, daß dem Schuldner die Leistung *aus der Gattung*, d. h. aus dem Vorrat, noch möglich ist. Dem Schuldner, dessen Vorrat gestohlen wurde, sei aber die Leistung aus diesem nicht mehr möglich[11]. Eine derartige Argumentation würde aber eine Relativierung des Begriffs der Unmöglichkeit danach bewirken, ob eine Gattungs- oder eine Speziesverbindlichkeit vorliegt[12]. Denn für den Schuldner einer Speziesschuld tritt beispielsweise nur Unvermögen ein, wenn ihm der Leistungsgegenstand durch Diebstahl abhanden kommt.

cc) Der hier vertretenen Lösung am nächsten liegt die Argumentation, mit der Kisch[13] seine Ablehnung der Anwendung des § 279 auf diesen Fall begründet. Kisch reduziert die Anwendung des § 279 unter Berufung auf den „Grundgedanken der Vorschrift" — wobei für ihn dieser Grundgedanke in der regelmäßigen *Beschaffbarkeit* von Gattungsobjekten auf dem Markt besteht. Da auf dem Markt dann immer etwas beschafft werden könne, wenn die erforderlichen Geldmittel vorhanden seien, reduziert sich für Kisch das Leistungsvermögen auf die Geldfrage. Danach soll § 279 keine andere Funktion haben als die, dem Gattungsschuldner die Berufung auf den „Mangel ökonomischer

---

[9] So *Enneccerus-Lehmann* § 29 I 3 S. 125.
[10] Wohl doch der Regelfall bei Diebstahl.
[11] *Kisch* Gattungsschuld — Wahlschuld S. 89 argumentiert auch damit, daß er hier die Gattung als außer Verkehr gesetzt betrachtet und dies der Unmöglichkeit gleichsetzt.
[12] Eine Wirkung, die auch in vielen Fällen, in denen mit Unzumutbarkeit argumentiert wird, eintritt.
[13] Gattungsschuld — Wahlschuld S. 88.

II. Einzelfälle

Leistungsfähigkeit" abzuschneiden. In allen anderen Fällen — so Kisch hier[14] im Gegensatz zu seinen kurz darauf folgenden Ausführungen[15] — sollen die gewöhnlichen, d. h. wohl, die für die Speziesschulden geltenden Grundsätze Anwendung finden[16]. Damit hat schon Kisch den Unterschied zwischen *Beschaffungsschuld* und *einfacher Leistungsschuld* als wesentlich erkannt. Jedoch vermochte er diese Unterscheidung noch nicht konsequent durchzuführen, weil der Gesetzgeber im Rahmen der Leistungsstörungen gerade nicht das durch die Leistungspflicht geforderte Schuldnerverhalten als Unterscheidungskriterium anerkannt hatte.

c) Aus der hier vertretenen generellen Unanwendbarkeit des § 279 auf einfache Leistungsschulden ergibt sich die interessengerechte Lösung, nämlich die Behandlung nach den allgemeinen Vorschriften (§§ 275 Abs. II, 276, 280), ohne weiteres. Denn der Schuldner hat durch seine Leistungsverpflichtung nicht versprochen, den Leistungsgegenstand bei anderen Personen zu beschaffen, sondern nur, den Gegenstand zu übereignen. Daher kann der Schuldner sich beispielsweise auch auf die faktische Unerreichbarkeit des leistungsfähigen Dritten berufen.

2. Hat der Schuldner aus einem Vorrat mehreren Gläubigern die Leistung einer bestimmten Menge versprochen und geht nur ein Teil des Vorrats unter, so daß der dem Schuldner verbleibende Restbestand zur Befriedigung aller Gläubiger nicht ausreicht, so haben sich diese nach gefestigter Lehre[17] und Rechtsprechung[18] eine anteilmäßige Kürzung gefallen zu lassen. Hier kann dahingestellt bleiben, ob dieses Ergebnis mit dem Rechtsgebilde einer „Interessengemeinschaft"[19], einer „Gefahrengemeinschaft"[20] oder mit der Pflicht, sich als ordentlicher Kaufmann zu verhalten und mit § 242 begründet werden kann[21]. Entscheidend ist hier nur, daß nach dieser Theorie eine anteilmäßige Kürzung allein nach der Größe der Forderung des einzelnen Gläubigers

---

[14] aaO. S. 88.
[15] aaO. S. 92 — wo er § 279 auch auf Unvermögensfälle anwendet, die mit der ökonomischen Leistungsfähigkeit nicht zusammenhängen.
[16] Ähnlich argumentierten, wenn sie für eine allgemein einengende Anwendung des § 279 — nicht auf persönliche Leistungshindernisse anwendbar — plädierten: *Planck* § 279 Anm. 2; *Krückmann* Einführung S. 86; E. *Heymann* aaO. S. 157. Neuestens wieder so *Roth* aaO. S. 106.
[17] *de Boor*, Kollision von Forderungsrechten S. 136; *Larenz* § 11 I S. 122; *Erman* § 279 Anm. 2; a. A. *Rabel* JW 1922, 158; E. *Wolf* JuS 62, 103.
[18] Vgl. die grundlegenden Entscheidungen RGZ 84, 125 ff.; 91, 332; 94, 17; 95, 264, 268.
[19] So RGZ 84, 125.
[20] So *Medicus* Bürgerl. Recht § 13 II 2 a S. 103.
[21] *de Boor* aaO. S. 20 ff., 135; *Blomeyer* 2. Aufl. S. 61.

erfolgt ohne Rücksicht auf ihre zeitliche Entstehung[22]. Damit geht jeder Gläubiger bezüglich eines Teils seiner Forderung leer aus[23]. Die Pflicht, eine anteilmäßige Kürzung zu dulden, soll sich aus dem Gesichtspunkt der Gefahrengemeinschaft ergeben. Dieser Begriff sagt aber zunächst nichts darüber aus, ob dem Gläubiger wegen des Ausfalls ein Schadensersatzanspruch gegen den Schuldner zusteht. In der Tat zeigt es sich in vielen Entscheidungen, daß weniger die primäre Leistungspflicht des Schuldners, sondern vielmehr seine Verpflichtung zum Schadensersatz umstritten war[24]. Da es sich wiederum um Gattungsschulden handelt, ergibt sich die Haftung in diesen Fällen aus § 279, wenn nur Unvermögen des Schuldners vorliegt. Der Schuldner ist nicht in der Lage, den Anspruch eines Gläubigers voll zu befriedigen, wenn nicht andere Gläubiger auf ihren Anteil verzichten. Hat der Schuldner die Teilleistungen an alle Gläubiger schon erbracht, könnten diese zusammen jeweils einen voll befriedigen. Daraus ergibt sich aber, daß nicht Unmöglichkeit, sondern nur Unvermögen vorliegt[25]. Hielte man die Anwendung des § 279 auch auf die Fälle der Vorratsschuld für richtig, würde dies bedeuten, daß der Schuldner einer Vorratsschuld seinen Gläubigern immer Schadensersatz wegen Nichterfüllung bezüglich des gekürzten Teils zu leisten hätte. So hat in der Tat das OLG Naumburg a. d. S.[26] den Schuldner nach § 279 zum Schadensersatz verurteilt.

a) Daß dies nicht richtig sein kann, ergibt sich aber auch wiederum, wenn man sich die Rechtsfolge vorstellt, die eingetreten wäre, wenn

---

[22] Vgl. wörtlich RGZ 84, 125 ff., 128: „Die Rechte der Gläubiger können nicht etwa dadurch bestimmt werden, wer zuerst gekauft hat oder wer zuerst die Leistung fordert."
[23] a. A. *E. Wolf* JuS 1962, 101 ff., 103, der eine Kürzungspflicht des Schuldners generell leugnet und die dafür gelieferten Begründungen (Interessengemeinschaft und § 242 ohne gemeinschaftsrechtliche Beziehung) verwirft. Nach *E. Wolf* (S. 104) soll der Schuldner wählen können, welchen Gläubiger er befriedigt. Das von *Wolf* hierfür vorgebrachte Argument, der Speziesschuldner, der mehrfach verkauft habe, könne ebenfalls wählen, kann aber deswegen nicht überzeugen, weil eine teilweise Befriedigung in diesem Fall unmöglich ist, und der Schuldner außerdem regelmäßig den leer ausgehenden Gläubigern zu Schadensersatz verpflichtet ist — eine Konsequenz, die durch den Begriff der Gefahrengemeinschaft ja gerade ausgeschlossen werden soll.
[24] z. B. RGZ 84, 125 ff.; 91, 332; 95, 264.
[25] a. A.: *E. Wolf* JuS 62, 101 ff., 104, der in diesem Fall Unmöglichkeit annimmt und dies damit begründet, daß es dem Schuldner unmöglich sei, *alle* Gläubiger zu befriedigen. Dabei übersieht er allerdings, daß die Unmöglichkeit als Leistungsstörung jeweils nur im Bereich der durch die Obligation — hier der Kaufverträge — verbundenen Personen eintritt. Ob Unvermögen oder Unmöglichkeit vorliegt, kann demnach nur jeweils im Verhältnis eines Gläubigers zum Schuldner geprüft werden. Wenn *E. Wolf* die Leistungsstörung im Verhältnis des Schuldners zu allen Gläubigern prüft, kommt er im Grunde ebenfalls zu einer Art Gefahrengemeinschaft.
[26] Als Berufungsgericht in dem Fall RGZ 84, 125 ff.

der Schuldner seinen *gesamten* Vorrat an *einen* Gläubiger verkauft gehabt hätte. Da es sich dann um einen Spezieskauf gehandelt hätte, wäre der Verkäufer nach § 275 Abs. II von seiner Leistungspflicht frei geworden, ohne Schadensersatz wegen Nichterfüllung leisten zu müssen. Die Tatsache, daß er nicht nur einem, sondern mehreren Gläubigern verpflichtet ist, kann aber nicht Grund für eine derartige Verschärfung der Haftung sein.

b) Das Reichsgericht[27] entzog diesen Fall dem § 279 dadurch, daß es die Begriffe wechselte und Unvermögen als Unmöglichkeit bezeichnete, obwohl die vom Schuldner dem einzelnen Gläubiger jeweils geschuldete Leistung ohne Zweifel hätte erbracht werden können, wenn die anderen Gläubiger auf ihren Anteil jeweils verzichtet hätten. Damit aber hatte das RG die Möglichkeit, die Haftung des Verkäufers nach dem richtigen Gesichtspunkt zu beurteilen: nämlich danach, ob der Schuldner die teilweise Nichterfüllung nach § 276 zu vertreten hat. Danach haftet der Schuldner beispielsweise, wenn ihn an der Verringerung des Vorrats ein Verschulden trifft oder wenn er sich mehr Gläubigern verpflichtet hat, als es nach kaufmännischen Regeln im Verhältnis zur Vorratsmenge richtig ist.

c) Auch dieser Kunstgriff wird überflüssig, wenn man Vorratsschulden als einfache Leistungsschulden insgesamt aus § 279 herausnimmt.

3. S hat sich verpflichtet, dem G aus seiner Produktion eine bestimmte Menge von Waren zu leisten. Die Produktionsstätte und das Lager des S brennen ab; kurz vorher hat aber S dem Großhändler C einen Großteil seines Lagers übereignet und geliefert. Dieser Teil würde zur Befriedigung des G ausreichen. Dem S, der durch den Verlust seines Lagers keine Waren aus seiner Produktion mehr hat und durch den Verlust der Produktionsstätte zunächst auch keine mehr herstellen kann, ist die Leistung unmöglich geworden. Da der Großhändler aber noch ohne Schwierigkeiten derartige Waren liefern kann, liegt nicht objektive Unmöglichkeit, sondern wieder nur Unvermögen vor.

Wendet man § 279 an, so ergibt sich auch in diesem Fall eine generelle Haftung des S, der er nur durch Erfüllung entgehen kann.

a) Daß aber auch dieses Ergebnis nicht richtig sein kann, ergibt sich, wenn man sich vergegenwärtigt, daß G diese Haftung des S dem Zufall verdankt, daß vor dem Brand eine größere Warenmenge ausgeliefert worden war. Die Haftung des S kann hier aber ebensowenig wie im Rahmen der Verpflichtung zur Leistung einer Speziessache nur von einem derart zufälligen Ereignis abhängig gemacht werden. Hätte C

---

[27] RGZ 84, 125 ff.

§ 7: Die Behandlung von Vorratsschulden

die tatsächliche Übernahme der Waren nur kurze Zeit verschoben, nämlich auf einen Zeitpunkt nach dem Brand, wäre S nach § 275 Abs. II behandelt und daher, wenn er die Zerstörung seines Lagers und seiner Fabrik nicht verschuldet gehabt hätte, frei geworden.

b) In einem nicht entscheidungserheblichen Teil zeigt das Reichsgericht[28], daß es einen derartigen Fall wiederum dadurch interessengerecht lösen würde, daß es auch in diesem Fall nicht Unvermögen, sondern Unmöglichkeit annehmen würde. Wenig besser scheint es mir zu sein, wenn man für die Möglichkeit der Leistung verlangt, daß sie aus dem Vorrat möglich sein muß, das heißt, daß mit der Ausscheidung von Gegenständen aus dem Vorrat diese ihre gerade durch die Zugehörigkeit zum Vorrat gekennzeichnete Genusqualität verlieren und somit als Leistungsgegenstände nicht mehr in Betracht kommen. Auch eine derartige Annahme würde zu der Bejahung der Unmöglichkeit der Leistung führen, denn nachdem die aus dem Vorrat ausgeschiedenen Gegenstände ihre Genusqualität verloren haben, ist mit dem Untergang des gesamten restlichen Vorrats auch zugleich die Gattung insgesamt verschwunden. Ob die Genusqualität so wandelbar sein kann, erscheint zumindest zweifelhaft. Daraus, daß man den Vertrag über die Genusqualität bestimmen läßt, ergibt sich der Verlust der Genusqualität durch die Ausscheidung aus dem Vorrat nicht. Denn die Bestimmung eines Leistungsgegenstandes durch den Vertrag knüpft an die Qualität des Gegenstandes im Zeitpunkt des Vertragsschlusses an und läßt spätere Entwicklungsmöglichkeiten in der Regel unberücksichtigt. Was also im Zeitpunkt des Vertragsschlusses in den Rahmen der vereinbarten Gattung fällt, behält seine Genusqualität, auch wenn es tatsächlich aus dem Vorrat ausscheidet, d. h.: die rechtliche Bestimmung wird durch spätere faktische Änderungen nicht berührt. Eine Änderung der Genusqualität ist demnach in der Regel einer erneuten vertraglichen Regelung vorbehalten.

c) Dagegen ist die Haftung bloß nach §§ 275 Abs. II, 276, 280 auch in diesem Fall nach der vorgeschlagenen Lösung sauber zu begründen. S, der sich nur zu einer einfachen Leistungsschuld verpflichtet hat, würde durch die verschärfte Haftung des § 279 ja gerade wieder dazu verpflichtet werden, wovor der Begriff des Unvermögens ihn bewahren will: nämlich Dritte, die ihm nicht verpflichtet sind, zu der Erbringung der Leistung oder wenigstens durch die Herausgabe eines Leistungsgegenstandes zur Ermöglichung einer eigenen Leistung zu bewegen.

4. Auf den Fall, daß der Verkäufer einer Vorratsschuld seinen gesamten restlichen Vorrat an einen Dritten verkauft und übereignet, nach-

---

[28] RGZ 57, 116 ff., 118.

dem er die dem Gläubiger zu leistende Menge aus dem Vorrat ausgesondert, aber noch nicht konkretisiert hat (mit der Wirkung des § 243 Abs. II), will Kisch[29] ohne Bedenken den § 279 anwenden.

a) Hier mag das durch § 279 erzielte Ergebnis deswegen der Interessenlage nicht so eklatant widersprechen, weil man im Regelfall eine derartige Verringerung des Vorrats dem Schuldner anlasten wird. Jedoch zeigt sich auch hier, daß die generelle Haftung nach § 279 vom Schuldner ein bestimmtes Verhalten erfordert, das nach dem Vertrag der Gläubiger keineswegs immer verlangen kann. So folgte aus dem generellen Vertetenmüssen die Pflicht des Vorratsschuldners, alle Gläubiger immer nur gleichzeitig zu befriedigen. Denn daraus, daß er den Dritten vor dem Gläubiger befriedigt hat, wird ihm jetzt ein Vorwurf gemacht[30]. Oder man verpflichtet den Verkäufer, jeweils nur einen so kleinen Teil seines Lagers zu verkaufen, daß er immer in der Lage ist, eventuelle Ausfälle aus seinem Lager zu decken.

Beides hieße aber die Pflichten des Vorratsschuldners überspannen. Während eine Pflicht, alle Gläubiger gleichzeitig zu befriedigen, schon deswegen unsinnig wäre, weil sie in höchstem Maße unpraktikabel ist und dem im Handelsverkehr Üblichen Gewalt antun würde, mag die zweite Pflicht sich für den Vorratsschuldner häufig auch aus den normalen Haftungsvorschriften ergeben („Vorsorgeverschulden"). Eine generelle Anordnung vernachlässigt jedoch die Unterscheidung, die durch den Vertrag erforderlich ist. Denn was bei einem Kaufmann als nach § 276 Abs. I S. 2 zu vertretende verfehlte Lagerpolitik zu bezeichnen sein könnte, könnte bei einem bäuerlichen Vorratsschuldner wohl durchaus noch mit Recht als typischerweise ordnungsgemäß und damit als „nicht zu vertreten" bezeichnet werden. Ganz zweifelhaft wird jedoch die Anwendung des § 279 auch hier, wenn man sich die Haftung des Vorratsschuldners in folgendem Fall vergegenwärtigt: Der ausgesonderte Vorratsteil geht unter, bevor der Dritte befriedigt wurde. Die Folge wäre hier eine Gefahrengemeinschaft der beiden Gläubiger, d. h. der Schuldner würde bezüglich des untergegangenen Vorratsteiles nach §§ 275 Abs. II, 276, 280 zu behandeln sein.

Jeder Gläubiger muß also damit rechnen, daß der ihm verpflichtete Vorratsschuldner nicht nur an ihn Gegenstände aus dem Vorrat verkauft hat, sondern auch an dritte Personen[31]. Er muß auch damit rechnen, daß der Vorrat nicht in dem Umfang erhalten bleibt, den er im Zeitpunkt des Vertragsschlusses hatte. Solange der Vorratsschuld-

---
[29] *Kisch* Gattungsschuld — Wahlschuld S. 92.
[30] § 279 ordnet zwar Vertretenmüssen gerade auch dann an, wenn dem Schuldner ein Vorwurf nicht zu machen ist; in der Tatsache, daß die Haftung eben darauf beruht, daß er den Dritten vor dem Gläubiger befriedigt hat, könnte man aber einen „typisierten" Vorwurf sehen.
[31] So auch RGZ 84, 125, 128.

ner bei der Verringerung seines Vorrats nicht gegen die in seinem Lebenskreis oder Berufstand üblichen Regeln über die Vorratspolitik (§ 276 Abs. I S. 2) oder gegen aus dem Vertrag sich ergebende Verhaltenspflichten verstößt, muß er durch den Untergang des Lagers frei werden.

b) Also ist auch in diesem bisher nach § 279 gelösten Fall die Haftung des Vorratsschuldners aus den §§ 275 Abs. II, 276, 280 durchaus interessengerecht. Dies um so mehr, als nur die allgemeinen Haftungsregeln eine Differenzierung nach den vertragstypisch übernommenen Verhaltenspflichten sowie nach der vertraglichen Risikoverteilung (Kaufmann oder Bauer) ermöglichen.

5. Hat der Vorratsschuldner seinen gesamten Vorrat an einen Dritten verkauft und übereignet, bedarf es nicht der Anwendung des § 279, um zu einer Haftung des Schuldners zu gelangen. Vielmehr ergibt sich hier die Haftung des Schuldners, ebenso wie in dem Fall des Doppelverkaufs einer Speziessache, aus den §§ 276, 280. Verkauft und übereignet der Schuldner seinen Vorrat vor Entstehung der später als verletzt gerügten Obligation, so ergibt sich seine Haftung aus den allgemein für den Bereich des anfänglichen Unvermögens entwickelten Grundsätzen[32].

6. Verkauft der Schuldner weit mehr Waren, als er in seinem Vorrat hat, ergibt sich seine Haftung ebenfalls regelmäßig schon aus den §§ 280, 276. Die schlichte Anwendung des § 279 verdeckt wiederum den eigentlichen Haftungsgrund. Dieser ist nämlich in dem leichtsinnigen und allen kaufmännischen Regeln widersprechenden Verhalten des Schuldners zu sehen. Auch wer § 279 anwenden will, kommt im übrigen an solchen Haftungserwägungen nicht vorbei. Denn er muß ja regelmäßig begründen, warum die den Schuldner teilweise befreienden Regeln über die Gefahrengemeinschaft in diesem Fall gerade nicht gelten.

III. Ergebnis

Aus allen sechs Beispielen ergab sich also, daß die Anwendung des § 279 auf die Fälle der Vorratsschuld — einfache Leistungsschuld — nicht interessengerecht wäre. Die interessengerechte Haftung des Schuldners ergibt sich vielmehr aus den §§ 275 Abs. II, 276, 280. Denn in allen Fällen des Untergangs eines Vorratsteils, der eine Befriedigung

---

[32] Also auch im Bereich des anfänglichen Unvermögens ist die Anwendung des § 279 für die Haftung bei Vorratsschulden verfehlt. Nach *Ballerstedt* aaO. S. 271 erklärt sich die Haftung ohne Verschulden auch hier aus der Einstandspflicht für das gegebene Versprechen.

III. Ergebnis

des Gläubigers durch den Vorratsschuldner verhindert, ist die schlichte Übereignung nicht mehr möglich, die noch mögliche Beschaffung aber nicht vom Schuldner versprochen. Der Begriff Gattung ist also in den §§ 243 und 279 nicht mehr in demselben Sinn zu verstehen[33], denn § 243 knüpft an die Bestimmtheit des Gegenstandes, § 279 aber an eine besondere Verhaltenspflicht des Schuldners an.

---

[33] Nebenbei ist festzustellen, daß sich durch diese Unterscheidung — unbeabsichtigt — die Regelung des römischen Rechts auch im geltenden Recht wiederfindet. Denn nur die Genusschuld, die vertretbare, also auf dem Markt beschaffbare Sachen betraf, wurde nach dem Recht der stricti iuris actiones behandelt. Vorratskäufe konnten auch durch emptio venditio begründet werden und fielen dann unter das Recht der bonae fidei iudicia. Vgl. hierzu insbesondere die ausführliche Untersuchung von *Seckel-Levy* SZ 47 (1927), 117 ff., 122.

§ 8: Die Haftung des Schuldners einer Beschaffungsschuld

I. § 279 und die verschiedenen Typen der Beschaffungsschuld

Die bisherige Untersuchung hat ergeben, daß die stärkere Berücksichtigung des vom Schuldner durch Vertrag versprochenen Verhaltens im Bereich der Leistungsstörungen eine Neueinteilung der typischen Schuldnerverpflichtungen in einfache Leistungs- und in Beschaffungsschulden erleichterte. Weiterhin ergab sich, daß der gesamte Bereich der einfachen Leistungsschulden von § 279 nicht erfaßt und auch nicht interessengerecht geregelt werden kann. § 279 hätte aber auch dann noch seine Berechtigung und ein reiches Anwendungsfeld, wenn aus der Ablehnung seiner Anwendung auf einfache Leistungsschulden ohne weiteres der Gegenschluß auf die Problemlosigkeit seiner Anwendung bei Beschaffungsschulden gezogen werden könnte. Mit guten Gründen könnte nämlich davon ausgegangen werden, daß der Gesetzgeber mit § 279 vor allem *eine* Eigenart der Gattungsschulden regeln wollte, nämlich die bei der marktbezogenen Gattungsschuld vorliegende Besonderheit, daß die zur Leistung erforderlichen Gegenstände auf dem Markt beschafft werden können und in der Regel nach der Ansicht der Vertragsparteien auch beschafft werden sollen. Wird die Leistung eines nur nach generellen Merkmalen bestimmten Gegenstandes vereinbart, so wird man häufiger und typischer davon ausgehen können, daß es sich bei der Obligation um eine Beschaffungsverpflichtung handelt. Die Korrektur des § 279 in dem Sinn, daß nicht mehr der Gattungsschuldner, sondern der Beschaffungsschuldner sein Unvermögen zu vertreten habe, ließe sich also durchaus vertreten, wenn die von § 279 angeordnete Rechtsfolge den Interessen, die bei Beschaffungsschulden typischerweise bestehen, gerecht würde.

1. Der für alle Arten von Beschaffungsschulden einheitlichen Haftungsregelung des § 279 müßte dann aber wohl entnommen werden, daß Beschaffungsverpflichtungen dem Schuldner jeweils dieselben Verhaltenspflichten und Risiken auferlegen. So einheitlich typisiert ist die Beschaffungsschuld aber keineswegs. Vielmehr läßt sich die Beschaffungsschuld wiederum in verschiedene typische Verpflichtungen untergliedern, zwischen denen bezüglich der vom Schuldner versprochenen Verhaltenspflicht und der durch Vertrag dem Schuldner aufgeladenen

I. § 279 und die verschiedenen Typen der Beschaffungsschuld

Risiken nicht unerhebliche Unterschiede bestehen. Nach diesen tatsächlichen Unterschieden muß sich die Haftung des Schuldners aber jeweils ausrichten.

a) Der Schuldner verspricht eine Leistung aus seinem Vorrat, übernimmt aber zugleich die Gewähr dafür, daß dieser Vorrat durch Beschaffung auf dem Markt aufgefüllt werden kann, das heißt, er übernimmt für den Fall, daß sein Vorrat zur Befriedigung des Gläubigers nicht ausreicht, subsidiär auch eine Beschaffungspflicht (nach Ballerstedt: einfache Gattungsschuld). Typisches Beispiel für diese Fallgruppe ist die Verpflichtung des Kaufmanns, der für die andere Vertragspartei ersichtlich primär sein Lager räumen will. Entgegen Ballerstedt[1] wird diesem Typ der subsidiären Beschaffungsschuld keine so wesentliche Eigenart zugemessen, daß er von den Typen der sonstigen Beschaffungsschuld unterschieden werden muß. Denn für die Haftung bleibt es weitgehend bedeutungslos, ob der Schuldner die Beschaffung primär oder nur sekundär versprochen hat.

b) Verpflichtet sich der Schuldner von vornherein zu der Beschaffung des Leistungsgegenstandes, ist die Einteilung in folgende Falltypen möglich[2]:

1. *Falltyp* Er verpflichtet sich zur Beschaffung eines generell bestimmten Gegenstandes auf dem allgemeinen Markt (Typisches Großhandelsgeschäft).

2. *Falltyp* Er verpflichtet sich zur Beschaffung eines speziell bestimmten Gegenstandes auf dem Markt. (z. B. die Verpflichtung zur Beschaffung einer Münze oder Briefmarke, die es nur noch einmal gibt).

3. *Falltyp* Er verpflichtet sich zur Beschaffung eines generell bestimmten Gegenstandes auf einem bestimmten Teilmarkt (z. B. der Großhändler verspricht die Beschaffung von Banka-Zinn auf der Amsterdamer Versteigerung).

4. *Falltyp* Er verpflichtet sich zur Beschaffung eines speziell bestimmten Gegenstandes auf einem bestimmten Teilmarkt (z. B.: der Kunsthändler verspricht, bei Sotheby in London ein bestimmtes Gemälde von Monet zu ersteigern).

5. *Falltyp* Er verpflichtet sich zur Beschaffung eines generell bestimmten Gegenstandes bei einer bestimmten Person (der Weinhändler verspricht dem Gläubiger, eine bestimmte Menge Wein zu beschaffen, der nur auf einem ganz bestimmten Weingut angebaut wird).

6. *Falltyp* Er verpflichtet sich zur Beschaffung eines speziell bestimmten Gegenstandes, der sich im Eigentum einer bestimmten Person befindet

---

[1] aaO. S. 265.
[2] Die folgende Einteilung beansprucht keineswegs Vollständigkeit, sondern trägt nur paradigmatischen Charakter.

(der Kunsthändler verspricht dem Gläubiger, ein bestimmtes Gemälde, das dem X gehört, zu besorgen).

2. Die Leistungshindernisse, die bei diesen Unterfällen der Beschaffungsschuld typischerweise vorkommen können, sind notwendigerweise wieder wesentlich voneinander verschieden. Sie lassen sich in folgende Gruppen einteilen:

a) In den Fällen der Beschaffung eines speziell oder generell bestimmten Gegenstandes auf dem Markt (Falltypen 1 und 2) wird die Leistung typischerweise dadurch verhindert, daß

aa) die Ware vom Markt völlig verschwindet — entweder überhaupt nicht mehr gehandelt wird oder auf den vom Vertrag bezeichneten Markt nicht mehr gebracht werden kann — oder — bei der Speziesschuld — untergegangen ist;

bb) die Ware nur noch von bestimmten Personen gekauft werden darf, zu denen der Schuldner nicht gehört (Zwangsbewirtschaftung) oder (bei Falltyp 2) vom jetzigen Eigentümer aus willkürlichen Gründen nur noch an einen bestimmten Personenkreis verkauft wird;

cc) der Schuldner vom Markt aus anderen Gründen nicht beliefert wird (z. B. weil er als Preisbrecher bekannt ist oder weil der augenblickliche Eigentümer (bei Falltyp 2) eine Aversion gegen den Schuldner hat und nur diesem den Leistungsgegenstand nicht verkauft);

dd) die Ware zwar allgemein erhältlich ist, der Schuldner sie jedoch nicht besorgen kann, weil er in eine plötzliche Finanzkrise geriet und aus diesem Grunde die nötigen Geldmittel nicht besitzt;

ee) die Ware allgemein erhältlich ist, von dem Schuldner aber aus irgendwelchen persönlichen Gründen — beispielsweise wegen plötzlicher Krankheit — nicht beschafft werden kann;

ff) die Ware zwar allgemein erhältlich ist, aber zu einem Preis, der weit über dem liegt, was der Schuldner oder beide Partner sich bei Vertragsabschluß gedacht haben.

b) In den Fällen, in denen sich der Schuldner verpflichtet hat, einen generell oder speziell bestimmten Gegenstand auf einem bestimmten Teilmarkt — beispielsweise auf einer Versteigerung — zu beschaffen (Falltypen 3 und 4), wird die Leistung typischerweise dadurch verhindert, daß

aa) der Teilmarkt geschlossen wird (beispielsweise die Versteigerung nicht stattfindet),

I. § 279 und die verschiedenen Typen der Beschaffungsschuld

bb) der Teilmarkt nur für einen bestimmten Personenkreis zugänglich ist (Zwangsbewirtschaftung),

cc) der Schuldner aus irgendeinem Grund an dem Ort des Teilmarktes nicht anwesend sein konnte (Zugunglück verhindert Ankunft des Schuldners am Ort der Versteigerung; Nebel verhindert Flugzeuglandung),

dd) der Schuldner an dem Teilmarkt zwar teilnehmen darf und auch kann, aber dessen Regeln so wenig beherrscht, daß es ihm nicht gelingt den Leistungsgegenstand dort zu beschaffen (beispielsweise: der Schuldner kennt bestimmte auf der speziellen Versteigerung übliche Verhaltensregeln nicht),

ee) der Schuldner die Geldmittel deswegen nicht hat, weil er sich in einer Finanzkrise befindet.

c) In den Fällen, in denen der Schuldner sich verpflichtet hat, einen generell oder speziell bestimmten Gegenstand bei einer von den Vertragsparteien bestimmten dritten Person zu beschaffen (Falltypen 5 und 6), kann die Leistung dadurch verhindert werden, daß

aa) die „bestimmte Person" nicht mehr leisten kann (der Leistungsgegenstand geht bei ihr unter oder sie hat ihn an einen Dritten veräußert),

bb) die bestimmte Person überhaupt nicht leisten will,

cc) die bestimmte Person gerade an den Schuldner nicht leisten will,

dd) die bestimmte Person für den Leistungsgegenstand einen weit überhöhten Preis verlangt,

ee) der Schuldner die Sache aus Geldmangel bei dem Dritten nicht kaufen kann.

3. Die geschilderten Leistungshindernisse können folgendermaßen in die bekannten Leistungsstörungskategorien eingeordnet werden[3]:

a) Als Unmöglichkeit der Leistung können die Fälle bezeichnet werden, in denen der Schuldner eines typischen Großhandelsgeschäfts (Falltyp 1) den Leistungsgegenstand deswegen nicht mehr beschaffen kann, weil die Ware vom Markt verschwunden ist und auf dem von den Vertragsparteien für die Beschaffung vorgesehenen Markt auch von

---

[3] Das Unvermögen soll dabei geteilt werden in ein Unvermögen, das sich aus in der Person des Schuldners liegenden Gründen ergibt und ein Unvermögen, das nur auf finanzieller Illiquidität beruht.

keinem anderen mehr beschafft werden kann. Ebenso der Fall, in dem der Schuldner den speziell bestimmten Gegenstand auf dem Markt (Falltyp 2) nicht mehr beschaffen kann, weil der betreffende Gegenstand untergegangen ist. Ist der Teilmarkt geschlossen, findet also beispielsweise die Versteigerung nicht statt, auf der der Schuldner den Leistungsgegenstand ersteigern soll (Falltypen 3 und 4), muß ebenfalls Unmöglichkeit angenommen werden. Ebenso in dem Fall, in dem die Beschaffung bei einer dritten, von den Vertragsparteien bestimmten Person (Falltypen 5 und 6) nicht mehr erfolgen kann, weil der oder die möglichen Leistungsgegenstände bei dieser untergegangen sind. Kann dagegen der Schuldner seiner Verpflichtung zur Beschaffung deswegen nicht mehr nachkommen, weil der Dritte den Leistungsgegenstand überhaupt nicht herausgeben will (z. B.: dem Eigentümer ist sein Haus auch für Millionen nicht feil, Leistungshindernis 2 c, bb), ist zweifelhaft, ob Unmöglichkeit angenommen werden kann oder ob nicht vielmehr Unvermögen angenommen werden muß. Hält man die Existenz des Leistungsgegenstandes für entscheidend und nicht die durch Vertrag dem Schuldner auferlegte Pflicht, den Gegenstand zu beschaffen, gelangt man zu Unvermögen. Hält man jedoch die Tätigkeit des Schuldners, nämlich das Beschaffen, für ebenso wichtig wie den Leistungsgegenstand, kann man das Vorliegen von Unmöglichkeit begründen. Denn wenn der Dritte auf gar keinen Fall bereit ist, den Gegenstand zu verkaufen und auch mit keinen Mitteln dazu zu überreden ist, kann auch kein anderer den Leistungsgegenstand beschaffen.

b) In allen Fällen, in denen dem Schuldner das zur Erbringung der Leistung erforderliche Geld fehlt, liegt finanzielles Unvermögen vor. Unmöglichkeit kann in diesen Fällen schon deswegen nicht vorliegen, weil es immer Leute mit Geld geben wird, der Geldmangel also immer nur ein bei der Person des Schuldners liegendes Hindernis sein wird (Leistungshindernisse 2 a, ee; 2 b, ee; 2 c, ee).

c) Kann der Schuldner, der sich zur Beschaffung einer speziell oder generell bestimmten Sache auf dem Markt verpflichtet hat, seine Leistungsverpflichtung deswegen nicht erfüllen, weil beispielsweise im Wege der Zwangsbewirtschaftung die Lieferung derartiger Gegenstände nur noch an einen bestimmten Personenkreis erfolgen darf, zu dem der Schuldner nicht gehört, liegt mit Sicherheit Unvermögen vor. Ebenso ist der Fall zu behandeln, daß nur der Schuldner aus irgendwelchen Gründen — sei es, weil er als Preisbrecher bekannt ist, sei es aus anderen Gründen — vom Großhandel oder den Herstellern boykottiert wird.

Unvermögen wird man auch dann annehmen müssen, wenn der Schuldner, der sich verpflichtet hat, einen Gegenstand auf einer be-

I. § 279 und die verschiedenen Typen der Beschaffungsschuld 93

stimmten Versteigerung zu beschaffen, bei dieser nicht anwesend sein kann. Ein solcher Fall kann beispielsweise sowohl dadurch eintreten, daß zu der Versteigerung nur noch ein bestimmter Personenkreis zugelassen ist, zu dem der Schuldner nicht gehört, als auch dadurch, daß es dem Schuldner aus irgendwelchen Gründen nicht gelingt, an den Ort zu gelangen, an dem die Versteigerung stattfindet. Scheitert die Beschaffung des Leistungsgegenstandes daran, daß der Schuldner die Regeln des Teilmarktes nicht kennt, liegt natürlich wiederum Unvermögen vor. Hat der Schuldner die Beschaffung einer bestimmten Sache bei einer bestimmten Person versprochen und ist diese Person aus irgendwelchen Gründen — persönlichen oder geschäftlichen — nicht bereit, gerade an den Schuldner zu leisten, liegt Unvermögen vor. Denn die Möglichkeit, diese Sache gerade bei der bestimmten Person zu beschaffen, bleibt für Dritte nach wie vor gegeben.

d) Liegt der Preis der zu beschaffenden Ware so weit über dem, was die Parteien sich bei Vertragsabschluß vorgestellt haben, daß die vereinbarte Gegenleistung den Aufwendungen des Schuldners in keiner Weise mehr entspricht, kann weder Unmöglichkeit noch Unvermögen angenommen werden.

4. Aus all diesen Leistungshindernissen nimmt § 279 *nur* jene heraus, die zu Unvermögen führen, und erklärt sie als besonders regelungsbedürftig, indem er sie im Gegensatz zu den anderen Leistungsstörungen als immer vertretbar bezeichnet. Dabei wird sich zeigen, daß sich von der Interessenabwägung bei Beschaffungsschulden keine Gründe für diese Sonderbehandlung des Unvermögens finden lassen. Vor allem fällt es schwer, die unterschiedliche Behandlung des Unvermögens im Verhältnis zu der Unmöglichkeit einzusehen. Ein Grund für die letzte Unterscheidung kann auch nicht darin gesehen werden, daß das Unvermögen im Gegensatz zur Unmöglichkeit auf Leistungshindernissen beruhe, die ihren Ursprung im Rechtsbereich des Schuldners haben. Ebenso wie die Unmöglichkeit bewirkenden Leistungshindernisse ihren Entstehungsgrund außerhalb des schuldnerischen Rechtsbereichs haben, können auch viele Leistungshindernisse, die nur Unvermögen des Schuldners bewirken, auf Ereignissen gründen, die außerhalb des Rechtsbereichs des Schuldners liegen. So zum Beispiel in allen Fällen, in denen die Unfähigkeit des Schuldners zu beschaffen auf allgemeinen Wirtschaftskrisen oder auf einer angeordneten Zwangsbewirtschaftung beruht, die gerade den Schuldner vom Markt ausschließt. Dementsprechend bleibt es uneinsichtig, warum der Schuldner z. B. danach verschieden behandelt werden soll, ob eine vom Staat angeordnete Zwangsmaßnahme den Handel mit — für die Leistung geeigneten — Gegenständen völlig verbietet (Unmöglichkeit) oder ob sie diesen Handel nur

noch einem bestimmten — vom Staat besser kontrollierbaren — Personenkreis vorbehält, dem der Schuldner mehr oder weniger zufällig nicht angehört (Unvermögen). In der Tat ergibt sich auch für die h. M. bei der Beurteilung der Haftung des Schuldners in beiden Fällen dasselbe Ergebnis. Die h. M. ermöglicht diese gleichartige Behandlung durch die einschränkende Anwendung des § 279, die häufig nach den Kriterien des § 276 angenommen oder abgelehnt wird. Damit werden die Begründungen der Haftung für Unvermögen von denen der Haftung für Unmöglichkeit inhaltlich nicht mehr unterscheidbar.

Schon diese mögliche Austauschbarkeit der Haftungsbegründung deutet darauf hin, daß die Haftung für alle Leistungsstörungen nach denselben Kriterien zu beurteilen ist und somit, daß die durch § 279 dem Unvermögen zugedachte Sonderbehandlung nicht mehr als richtig bezeichnet werden kann.

Die generelle Anordnung des § 279 vernachlässigt im übrigen die Unterschiede, die sich für die Haftung aus den einzelnen Vertragstypen ergeben ebenso wie eine Unterscheidung nach der Person des jeweiligen Schuldners. Sie macht es nämlich unmöglich, die Haftung des Schuldners nach den Vertragstypen zu differenzieren, wie sie es unmöglich macht, die Person des Schuldners und die je nach dessen Berufsstand verschiedene *typische* Risikoübernahme zu beachten.

Eine rechtliche Sonderbehandlung des Unvermögens kann aber — will sie sich nicht dem Vorwurf der Willkür aussetzen — nur dann begründet werden, wenn sie durch tatsächliche Unterscheidungen gerechtfertigt ist. Zwar könnte man eine Sonderbehandlung des Unvermögens, wie sie sich aus § 279 ergibt, wie folgt verständlich machen. Man könnte darin nämlich — wie es oben getan wurde — nur einen Hinweis darauf sehen, daß der Schuldner einer Beschaffungsschuld die zur Erbringung seiner Leistung erforderliche Einschaltung eines ihm nicht verpflichteten Dritten nicht verweigern kann. Jedoch bewirkt § 279 eben mehr als nur die Abschneidung *dieses* Einwandes, denn § 279 behandelt ja gerade den Fall, in dem der Schuldner den Dritten nicht nur nicht einschalten will, sondern nicht einschalten kann. Daß nur für Unvermögen generell gehaftet werden soll, wie dies die Väter des BGB es sich vorstellten[4], kann dann nur noch historisch als Übernahme einer mißverstandenen römisch-rechtlichen Regelung verstanden werden. § 279 ist also — überspitzt formuliert — ein Produkt der Vermischung der beiden römisch-rechtlichen Klagarten im BGB und der durch Fr. Momm-

---

[4] Diese waren ja auch der Meinung, es führe zu „unhaltbaren Konsequenzen", wenn dem Unvermögen grundsätzlich befreiende Wirkung zuerkannt werde, vgl. *Motive* Bd. II S. 45.

sen vorgenommenen Einführung der strengrechtlichen Leistungsstörungskategorie der Unmöglichkeit in ein an sich den bonae fidei iudicia entsprechendes Rechtssystem[5].

Die Entwicklung des geltenden Rechts im Bereich der Leistungsstörungen zu den Vorstellungen der bonae fidei iudicia muß also auch hier ihre Wirkung haben und den Vertrag mit den aus ihm sich ergebenden Verhaltenspflichten und Risikoübernahmen als wesentliches Entscheidungskriterium zur Frage der Haftung *neben* § 276 stellen. Der Gesetzgeber, der nicht die im Vertrag übernommenen Pflichten und Risiken sondern nur den objektiven Unterschied des Leistungsgegenstandes in seiner Bestimmtheit für den Grund einer unterschiedlichen Haftung gehalten hat, konnte den eigentlichen Grund für die schärfere Haftung bei Beschaffungsschulden nicht sehen. Daraus ergibt sich also schon, daß die Haftung des Schuldners bei Beschaffungsschulden sich nicht nach der abstrakten Regel des § 279, sondern — wie Ballerstedt[6] richtig ausführt — nach dem *jeweiligen Inhalt des Vertrages* bestimmt. § 279 entspricht demnach also weder in seiner Tatbestandsvoraussetzung der sich im modernen Recht ergebenden Unterscheidung der Verbindlichkeiten — wesentlicher Unterschied ist nicht mehr die generelle oder spezielle Bestimmtheit des Leistungsgegenstandes — noch in der von ihm angeordneten Rechtsfolge. Seine Beschränkung auf das Unvermögen entspricht den wirklichen Interessenwertungen ebensowenig, wie die aus ihm dann zu entnehmende Gleichbehandlung aller Beschaffungsschulden. Denn diese Gleichbehandlung trägt einer notwendigen Differenzierung der Beschaffungsverträge in einzelne Typen nicht Rechnung.

II. Das eigentliche Ergebnis der modifizierten Interpretation des § 279: „Risikoverteilung des Vertrages"

Mit wenigen Ausnahmen[7] hat die Meinung im Schrifttum[8] den negativen Bereich dieser Erkenntnis, daß nämlich § 279 in den Fällen nicht anzuwenden sei, in denen Unvermögen des Schuldners zwar vorliegt, die Gründe für dieses Unvermögen aber außerhalb des vom Schuldner übernommenen Risikos liegen, durch die „einschränkende" Anwendung

---

[5] Dazu vgl. oben § 3.
[6] aaO. S. 270, so auch *H. H. Jakobs* S. 159 f., FN 107.
[7] *Kleineidam* aaO. S. 225; *Endemann* S. 673 FN 12; *Rabel* Recht des Warenkaufs Bd. II S. 356.
[8] *Planck* § 279 Anm. 2 d; *Larenz* § 21 I d S. 232 f mit weiteren Nachweisen (S. 233 FN 1); *Erman* § 279 Anm. 4; *Palandt-Heinrichs* § 279 Anm. 2; *Esser* SAT § 18 II 2 S. 113 f.

des § 279 im Grunde bereits anerkannt. Die Rechtsprechung entkam der Regelung des § 279 häufig dadurch, daß sie statt Unvermögen Unmöglichkeit annahm und damit die Haftung nach § 276 und der Risikoverteilung des Vertrags zu beurteilen hatte[9]. Die Kriterien, nach denen über die Anwendung des § 279 entschieden wird, sind bei der h. M. oft dieselben, wie die hier angenommenen. So wird die Anwendung des § 279 häufig davon abhängig gemacht, ob das Unvermögen mit dem Wesen der Schuld als Gattungsschuld zusammenhänge[10], wobei dieses „Zusammenhängen" nach der vertraglichen Risikoverteilung beurteilt wird. Am deutlichsten zeigt sich dies beispielsweise bei Larenz[11], der eine Befreiung des Gattungsschuldners dann annimmt, und damit § 279 nicht anwendet, wenn das das Unvermögen bewirkende Leistungshindernis nicht mehr in den Bereich *des vom Schuldner sinngemäß übernommenen Risikos falle*. Larenz übersieht dabei allerdings, daß sich in den Fällen, die § 279 dann noch verbleiben, die Haftung des Schuldners ohne besondere gesetzliche Anordnung aus dem Vertrag, und damit aus §§ 275, 276, 280 ergeben müßte. Daß § 279 durch eine derartige Einschränkung überflüssig wird, ergibt sich schon daraus, daß die Haftung ohne Verschulden für den im Vertrag übernommenen Risikobereich eine Rechtsfolge ist, die nicht nur auf die Fälle der Beschaffungsschuld beschränkt bleibt, sondern auch in den Fällen der einfachen Leistungsschuld vorliegen kann. Die gesetzliche Anordnung einer besonderen Haftung ist nur dann sinnvoll, wenn es sich um eine dieser Leistungsverpflichtung eigene, in anderen — normalen — Fällen nicht geltende Haftungsregelung handelt. Larenz übersieht zum anderen, daß die Haftung ohne Verschulden in den Fällen, in denen er die Anwendung des § 279 noch bejaht, sich nicht nur auf Unvermögensfälle erstreckt, sondern auch alle anderen Kategorien der Leistungsstörungen zu erfassen vermag. Denn die sich aus der Risikoverteilung des Vertrages ergebende Haftung des Beschaffungsschuldners ist nicht etwa nur eine weniger scharfe — wie das offensichtlich von manchen geglaubt wird[12] — sondern eine völlig andere und häufig auch schärfere als die in § 279 angeordnete[13]. Aus der vertraglichen Risikoverteilung kann sich im Ein-

---

[9] Vgl. die in § 5 FN 25 zitierten Entscheidungen zur wirtschaftlichen Unmöglichkeit.
[10] So *Planck* 4. Aufl. § 279 Anm. 1 b und 2 d; so auch schon *Fr. Mommsen* Bd. I S. 46; *Dernburg* Bürgerl. Recht Bd. II S. 133; *Brecht* aaO. S. 47; *Staudinger-Werner* § 279 Anm. 6; *Kisch* Unmöglichkeit S. 118.
[11] § 21 I d S. 233. *Larenz* bezeichnet dies als h. M. (FN 1).
[12] So beispielsweise *Staudinger-Werner* § 279 Anm. 6. Auch *Larenz* § 21 I d S. 232 f. scheint das Problem des Verhältnisses des § 279 zu den durch Vertrag übernommenen Risiken nur unter dem Blickpunkt des „mehr — weniger" zu sehen.
[13] So richtig *Ballerstedt* aaO. S. 271.

III. Risikoverteilung im Rahmen der Beschaffungsschuld 97

zelfall eine Haftung ohne Verschulden auch dort ergeben, wo nicht Unvermögen, sondern Unmöglichkeit vorliegt, § 279 also keine Anwendung finden könnte[14]. Daß die Haftung für Beschaffungsschulden nicht der starren Regel des § 279 zu entnehmen, sondern nach der sich aus dem Vertrag ergebenden Risikoverteilung zu beurteilen ist, dürfte also materiell nichts Überraschendes mehr sein[15]. Die Einschränkung des § 279 auf der einen Seite und die Ausdehnung seiner Anwendung andererseits durch Lehre und Rechtsprechung enthalten im Grunde bereits dieses Ergebnis.

III. Konkretisierung des Begriffs „Risikoverteilung des Vertrages" im Rahmen der Beschaffungsschuld

1. Von der neueren Lehre wird als Kriterium für die Frage der Vertretbarkeit einer Leistungsstörung die Risikoverteilung des Vertrages angeboten[16]. Aus der Risikoverteilung des Vertrages wird also offensichtlich geschlossen, daß der Schuldner durch sie eine andere, von Vorsatz und Fahrlässigkeit unabhängige Haftung übernommen habe, für die § 276 nicht gelten soll. Im Grunde läßt sich auch diese Meinung auf die Annahme einer Garantiehaftung reduzieren, die gegenüber § 279 nur den — wenn auch nicht unwesentlichen — Vorteil hat, daß sie keine schematische Wirkung besitzt, sondern ihren Grund in der jeweiligen vertraglichen Abmachung findet. Auch für diese Begründung der im Verhältnis zum einfachen Leistungsschuldner strengeren Haftung des Beschaffungsschuldners ergeben sich jedoch Schwierigkeiten bei der Beantwortung der Frage, für welche Leistungshindernisse der Schuldner einstehen wollte und nach der Meinung der Vertragsparteien auch einstehen sollte[17]. Auch wenn diese Frage nicht „nach dem psychologischen Willen des Schuldners oder den Vorstellungen der Vertragspartner, sondern allein nach dem rechtlich-begrifflichen Inhalt des Vertrages"[18] beantwortet werden soll, wird sie nur selten ohne den Gebrauch von Fiktionen, die die Garantiehaftung des Schuldners begründen sollen, auskommen. Damit ist man aber von einem Übel —

---

[14] Vgl. die von *Ballerstedt* aaO. S. 270 ob. und S. 273 f. besprochenen Beispiele. (Eine solche Haftungsverschärfung hatte auch ihre Auswirkung bei der Frage, ob Unzumutbarkeit vorliegt oder die Geschäftsgrundlage weggefallen ist).
[15] Auch *H. H. Jakobs* S. 150 bezeichnet § 279 als „an sich überflüssige Vorschrift".
[16] *Larenz* § 21 I d S. 232 f.; *Ballerstedt* aaO. S. 270; *Esser* SAT § 33 IV 2 S. 211.
[17] Wofür der Schuldner einstehen zu wollen versprochen hat, ist sowohl bei *Ballerstedt* S. 270 als auch bei *Esser* SAT § 33 IV 2 S. 211 entscheidend.
[18] *Ballerstedt* aaO. S. 270.

nämlich der ungerechtfertigten Fiktion des Gesetzgebers — in das andere geraten; nämlich der — wohl nur in den seltensten Fällen dem Vertrag entnehmbaren — Garantie, die ebenfalls Fiktion bleiben muß, solange die Rechtsprechung noch nicht die Verträge und Leistungsstörungen so typisiert hat, daß bei Vertragsschluß jeder Partei schon bekannt sein kann, welche Garantie durch den Vertragsabschluß typischerweise von ihr zu übernehmen ist.

2. Der Versuch, dieses Kriterium der vertraglichen Risikoübernahme nicht nur der Entscheidung des jeweiligen Richters zu überlassen, sondern es mit bereits bekannten rechtlichen Mitteln zu konkretisieren, muß notwendigerweise von dem wesentlichen Unterschied der Beschaffungsverpflichtung von der Verpflichtung zu einer einfachen Leistungsschuld ausgehen. Bei der einfachen Leistungsschuld — gerichtet auf bloße Übereignung — ist die Person des Schuldners bezüglich ihrer allgemeinen Leistungs- und Handlungsfähigkeit weniger wichtig, als seine rechtliche Beziehung zu dem zu leistenden Gegenstand. Beispielsweise wird die Intelligenz des Verkäufers bei einer einfachen Leistungsschuld den Käufer weniger interessieren als die Tatsache, daß der Verkäufer zur Verfügung über den Leistungsgegenstand berechtigt ist. Ganz im Gegensatz dazu ist für den Vertragspartner eines Beschaffungsschuldners dessen rechtliche Beziehung zum Leistungsgegenstand unerheblich. Im Regelfall wird eine derartige rechtliche Beziehung des Beschaffungsschuldners zum Leistungsgegenstand — auch nach der Vorstellung der Parteien — überhaupt nicht bestehen. Für den Vertragsabschluß sind in diesem Fall dagegen regelmäßig die Qualifikation und die persönlichen Fähigkeiten des Schuldners entscheidend. Der Schuldner einer Beschaffungsschuld muß in der Regel Fähigkeiten oder Beziehungen besitzen, die sein Vertragspartner nicht hat; denn wenn die Beschaffung des jeweiligen Leistungsgegenstandes jedem gleicherweise leicht möglich wäre, bestünde für niemanden ein Grund, einen Beschaffungsvertrag abzuschließen. Das heißt aber, daß die andersartige Verpflichtung des Beschaffungsschuldners sich vor allem im Bereich der persönlichen Qualifikation bemerkbar macht. Wer also eine Beschaffungsverpflichtung übernimmt, behauptet entweder ausdrücklich oder konkludent durch den Vertragsabschluß, daß er die für die Erfüllung eines Beschaffungsvertrags erforderlichen Fähigkeiten besitze. Entsprechen die Fähigkeiten, die er wirklich besitzt, aber denen nicht, die zu haben er bei Vertragsschluß angegeben hat, so haftet er im Rahmen des § 276 auch, wenn ihm subjektiv ein weiteres Verschulden nicht vorgeworfen werden kann. Also haftet er auch dann, wenn ein anderes als das zu einem Leistungshindernis führende Verhalten von einer Person mit den *wirklichen* Fähigkeiten des Schuldners nicht erwartet werden kann. Die Risikoverteilung des Vertrages ergibt

III. Risikoverteilung im Rahmen der Beschaffungsschuld

sich in diesen Fällen konkret aus der Anerkennung des objektiven Fahrlässigkeitsmaßstabs. Der objektive Fahrlässigkeitsmaßstab bewirkt eine Risikoverteilung, die sich vor allem bei den Beschaffungsschulden bemerkbar macht und eine Art Gefährdungshaftung zur Folge hat[19].

Daraus würde sich dann aber ergeben, daß ein Großteil der bei Beschaffungsschulden typischerweise auftretenden Leistungsstörungen keiner rechtlichen Sonderbehandlung bedarf[20]. Die Frage der Vertretbarkeit ergäbe sich danach nicht aus einer besonderen Prüfung der vertraglichen Risikoverteilung. Gleichgültig, ob das Leistungshindernis im Bereich des Schuldners seinen Ursprung hat oder ob es außerhalb dieses Bereichs unabhängig vom Verhalten des Schuldners entsteht, ist seine Vertretbarkeit danach zu beantworten, ob vom Schuldner die Beseitigung des Leistungshindernisses oder das rechtzeitige Erkennen der Entstehung eines solchen und eine entsprechende Vorsorge hätte erwartet werden können. In beiden Fällen sind dabei an das Verhalten des Schuldners die Anforderungen des objektiven Fahrlässigkeitsmaßstabs zu stellen[21]. Darunter ist nicht nur zu verstehen, daß der Schuldner sich entsprechend den objektiven Verhaltensanforderungen seines Berufsstandes zu verhalten hat, sondern auch, daß der Schuldner sich an dem qualitativen Eindruck festhalten lassen muß, den er durch Vertragsschluß bei seinem Vertragspartner hervorgerufen hat. Der Schuldner eines Dienstvertrages, der sich bei Vertragsschluß als Facharzt für Augenheilkunde ausgegeben hat, kann nicht damit gehört werden, er persönlich habe die Verschlechterung des Augenleidens bei dem Gläubiger mit seinem geringen Fachwissen als medizinischer Laie nicht verhindern können. Ebensowenig kann auch der Schuldner einer Beschaffungsschuld, der sich als besonderer Fachmann ausgibt, damit gehört werden, er habe nicht die Fähigkeiten, wie sie für die Beschaffung des Leistungsgegenstandes erforderlich seien.

3. Die aufgestellte These, daß die Risikoverteilung des Vertrages als Haftungskriterium bei Beschaffungsschulden schon in dem objektiven Fahrlässigkeitsmaßstab ihren Ausdruck gefunden hat und sich damit aus § 276 ergibt, läßt sich auch aus den Formulierungen einzelner Reichsgerichtsentscheidungen entnehmen, die — teilweise, ohne den § 279 zu erwähnen — die Haftung des Beschaffungsschuldners begrün-

---

[19] So z. B. *Reimer Schmidt* in *Soergel-Siebert* § 276 Anm. 16, der richtig darauf hinweist, daß der objektive Fahrlässigkeitsmaßstab nicht mit einem Übernahmeverschulden erklärt werden kann.
[20] So auch *H. H. Jakobs* S. 209 f.
[21] Die Geltung des objektiven Fahrlässigkeitsmaßstabs wurde zuletzt nur noch von *Nipperdey* NJW 57, 1777 und *Planck-Siber* § 276 Anm. 2 b bezweifelt.

den[22]. Es läßt sich an diesen Entscheidungen zeigen, daß die Frage der Schuldnerhaftung bei Beschaffungsschulden in der Regel danach beantwortet wurde, ob dem Schuldner vorgeworfen werden konnte, er hätte wissen können, daß und welche später wirklich eingetretenen Leistungshindernisse drohten, und er hätte sich dagegen absichern können.

a) Entscheidungen, die die Haftung des Schuldners bejahen:

aa) RGZ 93, 17 f. vom 18. 2. 1918

Der Bekl. hatte der Klägerin im Dezember 1914 schlesische Braugerste verkauft, lieferbar Ende Dezember 1914, und im Januar 1915 nur einen kleinen Teil geliefert. Gegen die Schadensersatzklage der Käuferin bringt er vor, die Landwirte hätten ihm seit der Bundesratsverordnung vom 19. 12. 1914, die niedrige Höchstpreise verordnet hatte, keine Gerste mehr geliefert, so daß ihm die Lieferung unmöglich geworden sei.

Der VI. Zivilsenat des RG hält die Schadensersatzklage der Klägerin für begründet. Er geht davon aus, daß zur Zeit des Vertragsschlusses mit einer Verknappung aller Getreidearten und auch mit behördlichen Maßnahmen zu rechnen gewesen sei, „wer" — so das RG — „unter solchen Verhältnissen in unsicheren Kriegszeiten Waren von jener Art verkauft, muß sie in seinem Besitz oder dergestalt in seiner Verfügungsmacht haben, daß er sie zur Erfüllung seiner Verbindlichkeit jederzeit greifen kann. Verläßt er sich auf Deckungsverträge mit Dritten, von denen er nicht bestimmt weiß, daß sie im Besitz der Waren, zur Lieferung imstande und völlig zuverlässig sind, so tut er das auf eigene Gefahr und kann sich überhaupt nicht mehr auf eine Unmöglichkeit der Leistung, die er nicht zu vertreten habe, berufen. *Denn bei der gebotenen Überlegung muß er voraussehen, daß, wenn er Waren verkauft, die weder er noch zur Lieferung bereite Lieferanten von ihm besitzen, ihre Beschaffung durch die Kriegsverhältnisse vereitelt werden kann*[23]." Entscheidend an der Begründung des RG scheint mir dieser letzte Satz zu sein, dem recht deutlich zu entnehmen ist, daß der eigentliche Grund für die Haftung darin liegt, daß derjenige, der sich zur Beschaffung von Getreide auf dem Markt verpflichtet, in der Lage sein muß, die Marktentwicklung zu beobachten und sein Handeln dieser Entwicklung so anzupassen, daß er seiner Verpflichtung gerecht werden kann. Dabei kann sich der Schuldner nie darauf berufen, daß es ihm persönlich unmöglich gewesen sei, die Marktentwicklung zu beobachten, da er die

---

[22] Auch *H. H. Jakobs* S. 159 f. insbesondere FN 107 und S. 209 geht davon aus, daß entscheidendes Haftungskriterium in diesen Fällen die „im Verkehr erforderliche Sorgfalt" sei.
[23] Auf S. 19 FN 1 ist vermerkt, daß das RG in einem Urteil vom 18. 3. 1918 ähnlich argumentiert habe.

III. Risikoverteilung im Rahmen der Beschaffungsschuld 101

hierfür erforderlichen Fähigkeiten nicht besitze. Denn daß der Schuldner diese zur Beschaffung notwendige Fähigkeit besitzt, wird für den Gläubiger ja gerade der Grund gewesen sein, mit ihm einen solchen Beschaffungsvertrag abzuschließen. Insofern ähnelt die Interessenlage derjenigen beim Abschluß eines Dienst- oder Werkvertrages, bei der die Vertragspartner ebenfalls stärker als bei der reinen Leistungsschuld davon ausgehen, daß der Schuldner bestimmte, zur Erbringung der vereinbarten Leistung erforderliche, Fähigkeiten besitzt.

bb) Nach ähnlichen Gesichtspunkten beurteilt auch das Kammergericht als Berufungsgericht in dem in RGZ 95, 41 ff. entschiedenen Fall die Haftung des Beschaffungsschuldners[24]. Aus den Feststellungen des Berufungsgerichts ergibt sich nämlich, daß die Beklagte zur Leistung deshalb außerstande war, weil sie sich nicht zur Genüge mit Vorräten eingedeckt hatte, obwohl sie die Höhe ihrer Verbindlichkeiten kannte und objektiv auch die Möglichkeit ausreichender Vorratsbeschaffung besaß. Die Beklagte hatte versprochen, Banka-Zinn zu liefern, das vom Großhandel handelsüblicherweise auf den Auktionen in Amsterdam besorgt wurde. Das Berufungsgericht führt aus:

„Hätte sich die Beklagte bei Zwischenhändlern und auf der Septemberauktion in Holland besser eingedeckt, so würde sie bei Berücksichtigung der noch auf der Auktion erwerbbar gebliebenen Zinnmenge von etwa 40 000 Blöcken und der anderweit bei Zwischenhändlern greifbar gewesenen, aus den klägerischen Deckungskäufen, den weiteren bei der Klägerin eingegangenen Angeboten und den eigenen späteren Abschlüssen der Beklagten ersichtlichen Zinnmengen sowie unter Heranziehung ihres nicht unbedeutenden eigenen Lagers zur Lieferung der verhältnismäßig kleinen Zinnmenge an die Klägerin ohne Benachteiligung ihrer weiteren Lieferverpflichtungen in der Lage gewesen sein."

Im Gegensatz dazu sah RGZ 95, 41 ff. allerdings den Grund für die Haftung der Beklagten allein in § 279.

cc) Ebenso beruhen auch die Erwägungen, die in RGZ 107, 74 ff., 77 zu der Frage, wann überhaupt das Vorliegen wirtschaftlicher Unmöglichkeit bejaht werden könne, im Grunde auf dem Gedanken, daß vom Schuldner eine Marktbeobachtung und entsprechende Kalkulation erwartet wird.

Denn entscheidend für die Haftung schien dem RG in diesem Fall[25] vor allem, daß die vom Schuldner geltend gemachte Preissteigerung

---
[24] Ebenda S. 43.
[25] S. 77 unten.

keineswegs unerwartet und für den Verkehr unvorhersehbar gewesen sei. Zu Recht wird dem Schuldner angelastet, daß er den Leistungsgegenstand zu einem bestimmten Preis offeriert hat, obwohl er mit einer durch Lohnerhöhung erforderlich gewordenen Preissteigerung hätte rechnen müssen. Wenn diese Erwägungen des RG auch nicht im Rahmen der Prüfung des § 276 oder § 279 erfolgten, sondern schon bei der Frage, ob der Schuldner sich gegen das Leistungsverlangen des Gläubigers mit dem Einwand der Unmöglichkeit wehren kann, scheint deren Heranziehung hier doch deswegen angebracht zu sein, weil die Anerkennung der wirtschaftlichen Unmöglichkeit wesentlich mit dazu diente, Unvermögensfälle vor der Rechtsfolge des § 279 zu bewahren[26].

b) Umgekehrt lassen sich aber auch die Entscheidungen des RG, die eine Anwendung des § 279 ablehnen, obwohl dessen Tatbestand an sich gegeben ist, sehr viel einsichtiger begründen, wenn für die Haftung des Beschaffungsschuldners die in dem objektiven Fahrlässigkeitsmaßstab liegende Risikoverteilung des Vertrages entscheidend ist.

aa) In dem schon oben besprochenen Urteil RGZ 99, 1 ist eine allgemeine Berufung auf § 242 nicht mehr notwendig, um zu einer Befreiung des Verkäufers zu gelangen. Die Frage der Haftung ist, nachdem das Unvermögen des Schuldners feststeht, nur noch danach zu entscheiden, ob die Besetzung Galiziens zum Zeitpunkt des Vertragsschlusses vorhersehbar war und ob die Wirkung der Besetzung auf das Leistungsvermögen von einem durchschnittlichen Verkäufer noch hätte abgewandt werden können, als die Besetzung erkennbar wurde. Beides wird man in dem entschiedenen Fall verneinen können. Wenigstens läßt sich der Entscheidung nichts darüber entnehmen, ob und wann mit einer Besetzung überhaupt gerechnet wurde. Vorkehrungen aber waren dem Verkäufer schon deswegen nicht möglich, weil dafür die Zeitspanne zwischen seiner Rückkehr und der Besetzung viel zu kurz war. Daß das RG in seiner Entscheidung allerdings weder die eine noch die andere Frage erwähnte, geschweige denn überprüfte, erscheint unverständlich, wenn man sich überlegt, daß der Schuldner mit der Begründung des RG auch dann hätte entlastet werden können, wenn *jedermann mit einer Besetzung Galiziens hätte rechnen und sie bei seinen geschäftlichen Beziehungen hätte einkalkulieren können.*

bb) RGZ 57, 116 ff.:

Der Verkäufer hatte sich zur Beschaffung von Saatmehl Marke Eichenlaub bei einem bestimmten Produzenten verpflichtet. Die Pro-

---

[26] Ebenso betreffen die Risikoabwägungen in RGZ 88, 172 ff., 175 die Frage, ob dem Schuldner die Leistung wirtschaftlich unmöglich geworden war.

IV. Haftungskriterien bei einzelnen Falltypen

duktionsanlage und der Vorrat des Produzenten gehen unter, das Produkt ist aber noch im Handel. Die versprochene Leistung — Beschaffung bei dem Produzenten — ist an sich auch einem Dritten nicht mehr möglich. Das RG[27] geht allerdings zunächst davon aus, daß nicht Unmöglichkeit, sondern Unvermögen vorliegt. Um der als unangenehm erkannten Rechtsfolge des § 279 zu entgehen, nimmt es jedoch nur wenige Sätze später Unmöglichkeit an, indem es ausführt: Im Sinn des § 279 ist die Leistung auch dann unmöglich, wenn die Beschaffung so schwierig geworden ist, daß sie billigerweise niemandem zugemutet werden kann. Zwar erkennt das RG, daß diese Einschränkung sich nicht aus § 279 ergibt. Daher verweist es insoweit als Begründung auf § 242. Haftungskriterium ist danach also allein Billigkeit. Konsequent hat das RG daher auch nicht geprüft, ob dieses Leistungshindernis von einem sorgfältigen Schuldner nicht hätte aufgefangen werden können.

Einleuchtender und ehrlicher wird auch in diesem Fall die Begründung, wenn man die Haftung den §§ 275, 276 entnimmt. Denn mangelnde Voraussehbarkeit des Leistungshindernisses und die Unmöglichkeit wirksamer Vorsorge bewirkt auch hier die Entlastung des Schuldners nach den §§ 275 II, 276.

IV. Nutzanwendung auf die oben angeführten Typen von Beschaffungsverträgen

Eine Übersicht über die Haftungskriterien, die sich aus einer so konkretisierten Risikoverteilung ergeben, kann in keiner Weise Vollständigkeit beanspruchen, vielmehr muß sie paradigmatischen Charakter tragen. Sinn der folgenden Übersicht soll aus diesem Grund nur sein, die gleichartige Wurzel der Kriterien aufzuzeigen, um die Möglichkeit zu geben, auch andere als die hier behandelten Fälle interessen- *und* methodengerecht zu lösen.

1. Verpflichtung zur Beschaffung eines Gattungsgegenstandes auf dem Markt

a) Erforderte die Beschaffung auf dem Markt keine besondere Fähigkeit, könnte sie von jedermann übernommen werden. Ein wesentlicher Grund, andere Personen zur Beschaffung zu verpflichten, entfiele. Jedermann könnte diese Tätigkeit dann für sich selbst erledigen, ohne dafür durch den höheren Preis ein besonderes Entgelt zu bezahlen.

Daraus ergibt sich aber: Wer eine Beschaffungsverpflichtung übernimmt, erweckt bei dem Vertragspartner den Eindruck, er besitze die

---

[27] aaO. S. 118.

für die Beschaffung eines Gegenstandes auf dem Markt erforderlichen Kenntnisse und Fähigkeiten.

b) Im Gegensatz zum einfachen Leistungsschuldner ergibt sich für den Beschaffungsschuldner nicht mehr nur die Pflicht, seinen eigenen Rechtsbereich, in dem sich bei der einfachen Leistungsschuld der Leistungsgegenstand ja schon befindet, so zu schützen, daß keine — möglicherweise auch von außen eintretenden — Leistungshindernisse die an sich mögliche Leistung verhindern. Vielmehr hat der Gattungsschuldner die Leistung durch die Beschaffung erst zu ermöglichen und aus diesem Grunde alle Marktveränderungen einzuplanen und bei seiner Beschaffungspolitik zu berücksichtigen. Daraus ergibt sich, daß der Beschaffungsschuldner beispielsweise verpflichtet ist, erkennbaren möglichen Marktverschiebungen durch entsprechende Vorsorgemaßnahmen — Anlegung eines größeren Vorrats oder ähnliches — die leistungshindernde Wirkung zu nehmen.

c) Sowohl bei der Beurteilung der Marktlage als auch bei der Vornahme der nach dieser ausgerichteten Dispositionen kann sich der Beschaffungsschuldner ebensowenig wie der Schuldner einer anderen Verpflichtung darauf berufen, seine persönlichen Fähigkeiten entsprächen nicht den durchschnittlichen Fähigkeiten eines auf dem Beschaffungsmarkt tätigen Händlers. Leistungshindernisse, die auch ein durchschnittlicher Händler weder voraussehen noch, nachdem er sie erkennen konnte, für die eigene Leistungspflicht unschädlich machen konnte, sind auch von dem Beschaffungsschuldner in der Regel nicht zu verantworten. Dabei ist gleichgültig, in welche Leistungsstörungskategorie sie einzuordnen sind.

d) Den Pflichtenmaßstab, an dem der Beschaffungsschuldner sein Verhalten messen lassen muß, ergibt neben dem allgemein objektiven Kriterium seines Berufsstandes auch das, „was der normale und gesunde Verkehr in den konkreten Verhältnissen als Sorgfaltsmaßnahmen erwarten kann"[28]. Demnach ist auch die Vertragsverpflichtung[29] und durch sie die Frage entscheidend, wie sich der Schuldner bei Vertragsschluß gerierte, denn gerade aus letzterem ergibt sich für den Vertragspartner das Vertrauen in bestimmte Fähigkeiten des Schuldners[30].

---

[28] So *Esser* SAT § 38 V S. 249 mit Hinweis auf RGZ 68, 422 f. (FN 26).
[29] *Esser* aaO. mit Hinweis auf RGZ 119, 397 (400) (FN 27).
[30] Daraus rechtfertigt sich ja auch die Verwendung des Vertrauensprinzips als Argument für die Richtigkeit des normativen Fahrlässigkeitsmaßstabs. *Esser* SAT § 38 III S. 247; *Deutsch* aaO. S. 215; *Larenz* Festschrift Wilburg S. 119, 126 f.

e) Die von der des einfachen Leistungsschuldners unterschiedliche Haftung des Beschaffungsschuldners ergibt sich also ebenso wie oben bei der Vorratsschuld nicht aus einer verschiedenartigen gesetzlichen Haftungsregelung. Sie ergibt sich vielmehr aus dem tatsächlichen Unterschied zwischen den dem Schuldner auferlegten Verhaltens- und Sorgfaltspflichten.

2. Verpflichtung zur Beschaffung einer species auf dem Markt

a) War schon bei der Beschaffung eines Gegenstandes, der nur der Gattung nach bestimmt ist, davon ausgegangen worden, daß der Schuldner besondere Fähigkeiten besitzen muß, so gilt dies in verstärktem Maße in dem Fall, in dem der Schuldner die Beschaffung einer Speziessache auf dem Markt verspricht. Während eine Gattungssache auf dem Markt in der Regel ohne größere Schwierigkeiten zu finden sein wird, wird die Beschaffung einer species von dem Schuldner häufig ein „hinter-dem-Gegenstand-Herjagen" erfordern. Allein das Auffinden des Gegenstandes wird von dem Schuldner in solchen Fällen schon außergewöhnliche Fähigkeiten verlangen. Entsprechend hoch wird der Schuldner in einem solchen Fall regelmäßig entlohnt. Daraus ergibt sich aber, daß der Schuldner, der sich vorbehaltslos zu einer solchen Beschaffung verpflichtet, den von ihm zu verlangenden erhöhten Sorgfaltserfordernissen wiederum nicht mit dem Hinweis auf persönliche Mängel zu entkommen vermag. Da die Verhinderung von Leistungshindernissen bei der Beschaffungsschuld in stärkerem Maße als bei der einfachen Leistungsschuld ein Problem der persönlichen Fähigkeiten des Schuldners ist, sind dessen Entlastungsmöglichkeiten stark eingeschränkt.

b) Im einzelnen wird man eine Entlastungsmöglichkeit des Schuldners vor allem in den Fällen verneinen müssen, in denen die Fähigkeiten des Schuldners nicht einmal dazu ausreichen, den Leistungsgegenstand ausfindig zu machen. Im übrigen wird man die Haftung des Schuldners ebenfalls nach den Kriterien zu beurteilen haben, die oben bei der Verpflichtung zur Beschaffung eines Gattungsgegenstandes formuliert wurden. Allerdings muß berücksichtigt werden, daß in dem Fall der Beschaffung einer species viele mögliche Leistungshindernisse von Marktentwicklungen unabhängig sind. Beispielsweise der Untergang der Sache, die strikte Weigerung des Eigentümers, die Sache zu verkaufen. Beim Vorliegen derartiger Leistungshindernisse kann dem Schuldner regelmäßig nicht vorgeworfen werden, er hätte ihren Eintritt voraussehen können. Denn damit würde man dem Schuldner die Pflicht auferlegen, über den Rechtsbereich eines Dritten — nämlich des Eigentümers des Leistungsgegenstandes — urteilen zu können, der ihm in der Regel völlig fremd ist und von dem — anders als im Falle der

§ 8: Die Haftung des Schuldners einer Beschaffungsschuld

Verpflichtung zur Beschaffung bei einem bestimmten Dritten — er bei Vertragsschluß auch regelmäßig nicht behauptet hat, daß er ihn zu beurteilen oder gar zu beeinflussen vermöge. Auch wenn der Schuldner in diesen Fällen das Entstehen des Leistungshindernisses beobachtet, verbleiben ihm kaum Möglichkeiten, gegen dieses Vorsorge zu treffen. Weiß der Schuldner beispielsweise, nachdem er den Vertrag geschlossen hatte, daß der Eigentümer die Sache möglicherweise nicht abgeben will, so kann er sich nicht anderweitig eindecken, denn der Leistungsgegenstand existiert nur einmal. Verpflichtet sich der Schuldner jedoch auch dann ohne Vorbehalte zu der Beschaffung der species auf dem Markt, obwohl ihm zum Zeitpunkt des Vertragsschlusses bekannt war oder hätte bekannt sein können, daß dieser Beschaffung wahrscheinlich unausräumbare Hindernisse entgegenstehen werden, so nimmt er sich damit ebenfalls die Möglichkeit späterer Entlastung.

3. Verpflichtung zur Beschaffung eines generell oder speziell bestimmten Gegenstandes auf einem bestimmten Teilmarkt (beispielsweise auf einer Versteigerung)

a) Welche Leistungshindernisse der Schuldner zu verantworten hat, ist auch hier nach den oben bestimmten Kriterien zu beantworten. Allerdings wird die Frage, welche Fähigkeiten der Schuldner einer derartigen Leistungspflicht besitzen muß, hier je nach der Art des Teilmarktes regelmäßig konkreter bestimmt werden. So kann man von diesem Schuldner zu Recht erwarten, daß er zu beurteilen vermag, ob beispielsweise eine Versteigerung bei normalem, abschätzbarem Verlauf der Dinge überhaupt stattfindet oder auch, ob nur bestimmte Personen zu ihr zugelassen werden. Ebenso muß ein solcher Schuldner beispielsweise die bei Versteigerungen geltenden Regeln kennen. Wer sich zu einer solchen Schuld ohne Vorbehalte verpflichtet, obwohl er wußte oder hätte wissen können, daß das Stattfinden der Versteigerung oder seine Teilnahmemöglichkeit an ihr zweifelhaft ist, haftet wiederum ohne Entlastungsmöglichkeit. Eine Befreiung des Schuldners im Falle dieser beiden genannten Leistungshindernisse wird man also nur dann bejahen können, wenn sie auch für einen durchschnittlichen, in solchen Geschäften tätigen Mann völlig überraschend kämen.

b) Wird dem Schuldner eine Teilnahme an einer Versteigerung nicht im Rahmen einer allgemeinen Einschränkung (beispielsweise durch eine Zwangsbewirtschaftung) unmöglich, sondern, weil er wegen in seiner Person liegender Verhältnisse ausgeschlossen wird, ist seine Verantwortlichkeit danach zu beurteilen, ob er dies hätte wissen oder ob er seine persönlichen Verhältnisse so hätte regeln können, daß seine Teilnahme möglich gewesen wäre.

c) Ist der Schuldner beim Versteigerungstermin nicht im Versteigerungslokal anwesend, richtet sich die Haftung danach, ob er seine Abwesenheit verschuldet hat.

d) Daß der Schuldner weiß, bis zu welcher Höhe vermutlich gesteigert werden wird und sich dergestalt mit Mitteln versieht, daß er auch in Extremfällen noch in der Lage ist, den Leistungsgegenstand zu ersteigern, ist von ihm zu erwarten. Eine Haftung ergibt sich in diesem Fall also nicht aus den Grundsätzen der Haftung für finanzielles Unvermögen, sondern schon aus § 276 Abs. I S. 2.

4. Beschaffung eines generell oder speziell bestimmten Gegenstandes bei einer bestimmten Person

a) Wer sich ohne Vorbehalte verpflichtet, bei einem bestimmten Dritten generell oder speziell bestimmte Gegenstände zu beschaffen, behauptet ebenfalls, die hierfür erforderlichen Fähigkeiten — nämlich einmal die Übersicht über den betreffenden Vermögensbereich des Dritten und zum anderen die zur Beschaffung erforderlichen Geschäftsbeziehungen zu ihm — zu haben.

b) *Kann* die von den Vertragsparteien bestimmte Person nicht mehr leisten, beurteilt sich die Haftung des Schuldners danach, ob er den Umstand, der die Leistung des Dritten hindert, voraussehen konnte und ob er durch frühere Eindeckung bei dem Dritten eine Auswirkung auf seine Leistungspflicht hätte verhindern können.

c) *Will* der Dritte allgemein nicht mehr leisten, ist die Haftung des Schuldners zu bejahen, wenn er dies bei Vertragsschluß wußte oder hätte wissen können.

d) Will der Dritte aus irgendwelchen Gründen *gerade dem Schuldner* nicht mehr leisten, ergibt sich die Haftung des Schuldners neben dem Kriterium des Wissens oder Wissenkönnens daraus, ob die Gründe des Dritten in einem Verhalten des Schuldners liegen, das diesem bezüglich seiner Leistungspflicht vorwerfbar ist.

e) Die Preiskalkulation hat der Schuldner schon bei Vertragsschluß zu treffen. Verlangt der Dritte einen höheren Preis, als der Schuldner erwartet hat, so kann er sich darauf nur dann berufen, wenn er einen entsprechenden Vorbehalt gemacht hat oder wenn die Preisdifferenz so erheblich ist, daß die Beschaffung eine unvernünftige Zumutung darstellte (Aequivalenzstörung — Geschäftsgrundlage).

V. Ergebnis

Im Regelfall ermöglicht also die in dem normativen Fahrlässigkeitsmaßstab zum Ausdruck kommende Risikoverteilung des Vertrags eine

§ 8: Die Haftung des Schuldners einer Beschaffungsschuld

interessengerechte und auch den Parteien transparente und einleuchtende Haftungsregelung. Die Haftung des Beschaffungsschuldners bedarf also nirgends der Fiktion einer Garantieübernahme. Natürlich wird es auch Fälle geben, in denen der Schuldner mehr als allgemein üblich verspricht und bestimmte Risiken bewußt mit übernehmen will. Jedoch sind derartige Geschäfte nicht die Regel — auch nicht im Rahmen der Beschaffungsschuld. Eine so weitgehende Haftung wird dementsprechend nur dann anzunehmen sein, wenn sie sich deutlich aus dem Vertrag ergibt. Die Beweislast hat hierfür derjenige, der sich darauf beruft, während im Normalfall den Schuldner gem. § 282 BGB die Beweislast dafür trifft, daß er den Unvermögen bewirkenden Umstand nicht zu vertreten hat[31].

---

[31] Nach h. M. und Rspr. gilt § 282 nicht nur bezüglich der Kausalität, also nur für die Frage, ob die eingetretene Unmöglichkeit die Folge eines — als solchen feststehenden — Verschuldens des Schuldners ist. Vielmehr trifft den Schuldner auch die Beweislast dafür, daß er den betreffenden Umstand selbst nicht zu vertreten hat. *Erman* § 282 Anm. 2 b mit zahlreichen weiteren Nachweisen.

§ 9: Die Haftung für finanzielles Unvermögen und § 279

Während die von der h. M. vorgenommene Einschränkung des § 279 die obigen Ergebnisse — wenigstens größtenteils — ebenfalls erzielt, stimmen die Ergebnisse nicht mehr überein, wenn man versucht, auch die Haftung für die Fälle des finanziellen Unvermögens nach § 276 Abs. I S. 2 zu beurteilen. Denn während der Schuldner, der die für die Leistungspflicht erforderlichen Fähigkeiten besaß, von der Haftung frei wird, wenn er diese Fähigkeiten durch ein von ihm nicht zu vertretendes Ereignis verliert[1], soll er finanzielles Unvermögen auch dann zu vertreten haben, wenn es auf einem plötzlich außerhalb seines Rechtskreises eintretenden, von ihm weder erkennbaren noch beeinflußbaren Ereignis beruht[2]. Die Reduktion des § 279 durch Lehre und Rechtsprechung führte nämlich nicht zur allgemeinen Nichtanwendung der Norm, sondern nur zur Beschränkung ihrer Anwendung auf die Fälle des finanziellen Unvermögens[3]. Schon bei Titze[4] aber zeigte sich an den genannten Beispielen, daß die unbedingte Haftung des Schuldners für sein finanzielles Unvermögen ein Rechtsprinzip darstellt, das nicht nur für einen bestimmten Bereich möglicher Leistungsverpflichtungen Gültigkeit beanspruchen kann, sondern das für alle Leistungsverpflichtungen schlechthin gilt. Demnach kann sich weder der Beschaffungsschuldner noch der Schuldner einer einfachen Leistungsverpflichtung auf ein Leistungshindernis berufen, das auf finanziellen Schwierigkeiten beruht[5]. Haften soll also sowohl der Schuldner, der ein versprochenes Grundstück nicht auflassen kann, weil es durch Zwangsvoll-

---

[1] Beispielsweise *BGH LM* Nr. 5 zu § 233 ZPO (Fe)-Rechtsanwalt kann Berufungsfrist nicht einhalten, weil er erkrankt ist.

[2] Beispielsweise, wenn der Bankier des Schuldners plötzlich in Konkurs fällt. (Pflicht, das Geld auf mehrere Konten zu verteilen?)

[3] *E. Heymann* S. 160; *Kisch* Unmöglichkeit 108 u. Gattungsschuld — Wahlschuld 88; *Enneccerus-Lehmann* § 46 I 1; *Henle* Schuldrecht S. 172; *Brecht* aaO. S. 240; *Oertmann* Recht 1922, 5, 9; *Baetge* Handwörterbuch S. 633 li. Sp.; *Heck* S. 87; s. neuestens auch *Roth* aaO. S. 106 und die vielen Entscheidungen, die § 279 für alle Fälle des finanziellen Unvermögens anwenden wollen.

[4] *Titze* Unmöglichkeit S. 93.

[5] Daß der Gattungsschuldner und der Speziesschuldner in diesem Fall dann ebenfalls gleich haften, ergibt sich schon daraus, daß die Unterscheidung nach der Bestimmtheit des Leistungsgegenstandes im Bereich der Leistungsstörungen keine Bedeutung mehr hat.

streckung seinem Vermögen entzogen wurde[6], als auch der Schuldner, der die versprochenen Leistungsgegenstände wegen Geldmangels nicht auf dem Markt beschaffen kann[7]. In beiden Fällen soll die Haftung ohne Verschulden auf demselben Prinzip beruhen[8].

Wenn aber aus § 279, der offensichtlich nicht für alle möglichen Leistungsverpflichtungen gelten, sondern nur für eine besondere Art der Verpflichtung eine besondere Haftung statuieren will, ein so für alle Schulden geltendes allgemeines Rechtsprinzip herausgelesen werden soll, bedarf dies einer besonderen Begründung. Der Hinweis darauf, daß die Gesetzesverfasser bei der Regelung des § 279 nur oder vor allem das finanzielle Unvermögen im Auge gehabt hätten, ersetzt diese Begründung nicht. Dies gilt umsomehr, als sich entgegen Roth[9] auch den Motiven nichts derartiges entnehmen läßt. Denn die Aufzählung dort[10] beschränkt sich nicht auf die finanziellen Leistungshindernisse, sondern erfaßt alle möglichen Fälle des Unvermögens. Dies ist im Sinn der Motive auch nur konsequent. Denn nach dem den Motiven zugrunde liegenden 1. Entwurf sollte das Unvermögen allgemein — nur mit der Ausnahme des § 237 Abs. II — unberücksichtigt bleiben. § 279 wollte also nicht speziell das finanzielle Unvermögen regeln. Daher ist es erforderlich, einen anderen Zusammenhang zwischen dieser Norm und dem Prinzip der bedingungslosen Haftung für Mittellosigkeit aufzuzeigen.

1. Die häufigste Begründung dafür, daß das Prinzip der generellen Haftung für Mittellosigkeit sich aus § 279 ergebe, ist folgende, am deutlichsten bei Titze[11] zu findende Argumentation:

„Unerläßliche Voraussetzung für die Erfüllung der Verbindlichkeit ist die Solvenz des Schuldners. Zu ihr gehört aber ein gewisser Besitz von Barmitteln, für deren Vorhandensein der Schuldner nach § 279, weil Geld eine nur der Gattung nach bestimmte Sache ist, unter allen Umständen einzustehen hat. Sonach ist der Satz, der Schuldner kann sich niemals auf unverschuldete Zahlungsunfähigkeit berufen, in § 279 implicite enthalten[12]." Voraussetzung für die Anwendung des § 279 auf

---

[6] Beispielsweise bei *Titze* Unmöglichkeit S. 93.
[7] Der übliche, für die Anwendung des § 279 noch anerkannte Fall!
[8] Die weit überwiegende Meinung und auch die Rechtsprechung bejaht grundsätzlich die Haftung ohne Verschulden bei Mittellosigkeit und zwar für alle Leistungsverpflichtungen. Dieser Grundsatz wurde auch im Gemeinen Recht schon anerkannt. Vgl. dazu auch *Wollschläger* S. 43, 130; a. A. nur *Rabel* Recht des Warenkaufs Bd. 1 S. 340.
[9] *Roth* aaO. S. 105 rechte Spalte unten.
[10] Bd. II S. 45.
[11] *Titze* Unmöglichkeit S. 94.
[12] Vgl. die von *Titze* ebenda FN 36 Angegebenen.

die Fälle der unverschuldeten Zahlungsunfähigkeit ist also offensichtlich die Annahme, daß Geldschulden unter § 279 fallen[13].

2. Die Annahme, daß die Geldschuld die einzige Schuld sei, auf die § 279 immer Anwendung finde, setzt also voraus, daß Geldschuld wirklich Gattungsschuld ist[14]. Das logische Prius einer Gattungsschuld ist grundsätzlich die Sachschuld, denn nur bei Sachen ist eine Verpflichtung zur Leistung mittlerer Art und Güte möglich[15]. Bei der Geldschuld ist aber — wie Simitis[16] richtig nachgewiesen hat — nicht entscheidend, mit welchen, den Wert der zu leistenden Geldsumme verkörpernden, Geldscheinen oder Münzen bezahlt wird. Außerdem verzichtet die wirtschaftliche Praxis bei der Bezahlung heute weitgehend auf die Übereignung von Geldscheinen und zieht die bargeldlose Bezahlung vor. Damit kann aber wohl nicht bezweifelt werden, daß die Geldschuld keine Sachschuld und damit keine Gattungsschuld im Sinne des § 243 Abs. I ist[17]. Mit Sicherheit kann davon ausgegangen werden, daß der Gesetzgeber den Begriff Gattung einheitlich gebrauchen wollte. Daher kann von jenen, die den Unterschied in der Bestimmtheit des Leistungsgegenstandes für den Grund des § 279 halten, die Anwendbarkeit dieser Norm auf Geldschulden eigentlich nicht bejaht werden. Zwar wurde oben festgestellt, daß der Begriff der Gattung in § 279 nicht mehr denselben Sinn haben könne wie in § 243 Abs. II. Jedoch hatte sich daraus weiterhin ergeben, daß auch die Haftung für Gattungsschulden im Sinne des § 279, also der Beschaffungsschulden, nicht mehr aus der generellen Anordnung des § 279 zu entnehmen sei. Vielmehr ergibt sie sich aus der Risikoverteilung des einzelnen Vertrags, die schon in der Anerkennung des normativen Fahrlässigkeitsmaßstabs in § 276 Abs. I S. 2 eine weitgehende normative Konkretisierung erfahren hat. Mit einer so differenzierten Haftung ist aber im Falle der Geldschuld nicht gedient. Denn in diesen Fällen soll der Schuldner ja nicht je nach der vertraglichen Risikoübernahme verschieden haften, sondern immer

---

[13] Entgegen *Roth* aaO. S. 106 FN 53 ist also offensichtlich der Streit, ob § 279 auf Geldschulden unmittelbar, analog oder überhaupt nicht angewandt wird, doch von Bedeutung.
[14] Dies bejahen: *Blomeyer* § 13, 2 S. 57; *Erman* § 279 Anm. 2; *Fikentscher* § 29 I 1 und 2 S. 142; *Rabel* Recht des Warenkaufs Bd. I S. 340; weitere Angaben bei *Staudinger-Werner* § 279 Anm. 2, der sich dieser Meinung nicht anschließt. Daß die Geldschuld Gattungsschuld sei, wurde schon bejaht von: *Planck* 3. Aufl. § 279 Anm. 1; *Staudinger* 3./4. Aufl. § 279 Anm. 1; *Fr. Mommsen* Bd. I S. 49 und *Savigny* Obl. Recht Bd. I S. 400. Unklar *Kisch* Unmöglichkeit S. 108, der zwar von der Gattung Geld spricht, aber § 279 auf Geldschulden dennoch nicht unmittelbar anwenden will.
[15] So *Simitis* aaO. S. 445 und *Larenz* § 12 III S. 132.
[16] aaO. S. 445.
[17] So jetzt schon einige, vgl. *Planck-Siber* Vorbem. 2 vor § 244; *Esser* 2. Aufl. § 45, 1 S. 154, SAT § 20 III 2 S. 123; *Enneccerus-Lehmann* § 11 I 3 S. 44; *Medicus* JuS 66, 305.

ohne Verschulden. Dies soll auch dann gelten, wenn das ihn an der Erfüllung hindernde Ereignis — z. B. der Konkurs seines Bankiers — nicht in den von ihm übernommenen Risikobereich fällt, oder wenn er es weder voraussehen noch Vorsorgemaßnahmen treffen konnte. Da die normale Geldschuld[18] keine Gattungsschuld im ursprünglichen Sinn ist, kann eine direkte Anwendung des § 279 auf sie also nicht erfolgen.

3. Damit bleibt nur die Möglichkeit der analogen Anwendung des § 279 auf die Geldschuld, die auch von vielen bejaht wird[19]. Die analoge Anwendung einer Norm setzt aber einmal eine Gleichartigkeit oder Ähnlichkeit des geregelten Tatbestands mit dem zu regelnden voraus[20] und zum anderen eine regelungsbedürftige Lücke[21].

a) Eine Regelungslücke liegt da vor, wo eine Regel fehlt, deren Vorhandensein nach dem Grundgedanken und der immanenten Teleologie der gesetzlichen Regelung erwartet werden kann[22]. Dies wurde offensichtlich früher von einigen angenommen, die folgenden Wortlaut des § 279 für richtig gehalten hätten: „Für finanzielle Leistungshindernisse hat der Schuldner immer ohne Verschulden einzustehen[23]." Zu Recht verweist jedoch Ballerstedt[24] darauf, daß es in anderen Rechtsgebieten eine Norm wie § 279 nicht gebe, der Satz von der unbedingten Haftung für Mittellosigkeit aber auch dort gelte. Daß keine Regelungslücke vorliegt, ergibt sich, wenn man sich das dem BGB zugrunde liegende Haftungssystem und die Bedeutung des Geldes in ihm vor Augen führt. Das deutsche Recht geht, wie das Bestehen einer Konkursordnung und der Pfändungsschutzbestimmungen im 8. Buch der ZPO zeigt, von dem Grundsatz der unbeschränkten Haftung aus. Zwar beschränkt das dem BGB zugrunde liegende und in den Vollstreckungsregeln zu Tage tretende Haftungssystem das Einstehenmüssen auf die Haftung mit dem Vermögen[25]. Aber in diesem Rahmen gilt der Grundsatz der

---

[18] Unter normaler Geldschuld wird dabei die Schuld verstanden, bei der für die Parteien nur der zu zahlende Geld-„Betrag" von Bedeutung ist, nicht dagegen die Geldsortenschuld oder die zur Leistung einer bestimmten Münze verpflichtende Schuld.
[19] *Esser* 2. Aufl. S. 154, anders jetzt SAT § 20 III 2 S. 122; *Medicus* Bürgerliches Recht (1. Aufl.) § 13 II 1 S. 105, anders jetzt S. 101; *Planck-Siber* Vorbem. 2 vor § 244; vgl. auch *Roth* aaO. S. 106, der Anwendung des § 279 will, gleichgültig, ob analog oder direkt.
[20] *Larenz* Methodenlehre S. 359 f. Anders formuliert: für beide Tatbestände muß sich ein Obersatz finden lassen.
[21] „Regelungslücke" *Larenz* Methodenlehre S. 352.
[22] So *Larenz* Methodenlehre S. 354.
[23] So *Titze* Unmöglichkeit S. 95; *Planck* § 279 Anm. 2.
[24] *Ballerstedt* aaO. S. 267.
[25] Im Gegensatz zu alten Rechtsordnungen, in denen die Haftung auch die Person des Schuldners einbezog, vgl. dazu: *Larenz* § 2 IV, S. 18 ff., vor allem S. 19; *Esser* SAT § 7 II S. 47; *Mitteis-Liebrich* S. 109 ff.

§ 9: Haftung für finanzielles Unvermögen und § 279   113

unbeschränkten Haftung in allen Fällen, in denen sich der Schuldner persönlich verpflichtet hat[26].

Das Vermögen, mit dem der Schuldner unbeschränkt haftet, kann umschrieben werden als privatrechtliche Macht oder Herrschaft der einzelnen Person über Stücke der äußeren Welt[27]. Die Notwendigkeit der Haftung für die — möglicherweise sehr viel niedrigere — Verpflichtung des Schuldners verlangt die Auflösbarkeit dieser Macht in Quantitäten. Die Auflösbarkeit in Quantitäten wird möglich durch das Geld als allgemeinen Wertmesser, der von allen anerkannt wird. Geld ist nicht nur bloßes Werkzeug zur Messung des Wertes, wie Pfund oder Meter, also nur relativer Wertmesser — nämlich bezüglich der Quantität derselben Gegenstände — sondern es ist als Wert verabsolutiert und gilt damit als Wertmesser für *alle* Gegenstände[28]. Damit wird das Geld abstraktes Mittel zur Auflösung aller Vermögensgegenstände in Quantitäten[29] und somit zum letzten Zwangsmittel, durch das die Haftung des Schuldners realisiert werden kann[30].

Das Geld als eigener objektiver Wert (nicht als *Wertmesser*) gibt dem Individuum die Möglichkeit, alle gewünschten Vermögensdispositionen zu treffen. Simitis[31] nennt dies Kaufmacht. Es wird damit in seiner Funktion als Mittel des Erfüllungszwangs zum Korrelat der Grundfreiheiten und Grundprinzipien des deutschen Privatrechts, nämlich des Eigentums und der Vertragsfreiheit[32]. Das Geld also ermöglicht erst eine Wirtschaft, die von staatlichen Befehlen unabhängig[33] der Initiative des Privatmannes überlassen bleibt. Einmal stellt es diesem die Kaufmacht als Mittel zur Verwirklichung seiner individuellen Freiheit

---

[26] Im Gegensatz zur Sach- oder Realhaftung, die eine dingliche Haftung bestimmter Gegenstände beinhaltet.
[27] So schon *Savigny* Obl. Recht Bd. I S. 404; *Larenz* § 33 I S. 387 — Gesamtheit der einer Person zustehenden geldwerten Rechte; *von Tuhr* I S. 313; „Vermögen ist wirtschaftliche Macht".
[28] *Savigny* Obl. Recht Bd. I S. 455; *Larenz* § 12 I S. 128; *von Tuhr* I S. 314: „Das äußere Kennzeichen des Vermögensrechts ist der Geldwert, weil Geld das allgemeine Tauschmittel ist und daher zur Erreichung aller wirtschaftlichen Zwecke dient."
[29] *Savigny* Obl. Recht Bd. I S. 405. Vgl. auch die Formulierung von *Simitis* aaO. S. 430: „Das Geld ist die Vermögensmacht ausdrückende Kategorie".
[30] Vgl. für viele: *Esser* SAT § 7 I S. 45 f.; *Reinhardt* aaO. S. 60; *G. Hartmann* Begriff des Geldes S. 50; *Larenz* § 2 IV S. 18; *von Thur* I S. 314 und 315.
[31] aaO. S. 429.
[32] *Simitis* aaO. S. 429; *Wieacker* S. 804; *Reinhardt* aaO. S. 61 u. 63; auch *Roth* JuS 68, 105.
[33] So richtig *Reinhardt* aaO. S. 62 f. Allerdings wird das Geld seine wesentliche Funktion nicht schon in einer staatlich dirigierten Wirtschaft verlieren. Mit der Wirtschaft ermöglicht das Geld aber zugleich dann dieses Privatrecht. — Richtig *Simitis* aaO. S. 429.

zur Verfügung. Zum anderen aber dient es als Mittel des Erfüllungszwangs und damit der Verwirklichung der in dieser Freiheit abgeschlossenen Verträge. Aus der Funktion des Geldes, nämlich objektive Bezifferung der Vermögensmacht, also selbst Vermögensmacht zu sein, ergibt sich auch, daß sich die Geldschuld — im Gegensatz zu allen anderen möglichen Verpflichtungen — nicht auf eine bestimmte Sache bezieht, sondern auf die Gesamtheit des schuldnerischen Vermögens. Denn jeder Gegenstand des Vermögens ist in Geld verwandelbar und damit von der Geldschuld mitumfaßt[34]. Üblicherweise wird der Schuldner mit dem Vertragspartner auch nicht vereinbaren, aus welchem Teil seines Vermögens er den geschuldeten Wert erbringen will. Auf keinen Fall kann im Zweifel eine Beschränkung auf das Bargeld oder das Bankguthaben des Schuldners angenommen werden. Somit bewirkt im Falle der Geldschuld schon die Primärverbindlichkeit eine unbeschränkte Vermögenshaftung des Schuldners, die sonst nur durch eine Sekundärverbindlichkeit entstehen kann. Bei der Geldschuld fallen also Primär- und Sekundärverbindlichkeit, d. h. Schuld und Haftung, zusammen. Dieses Zusammenfallen von Schuld und Haftung zeigt sich auch daran, daß die Umwandlung einer Geldschuld in eine Sekundärverbindlichkeit an dem Inhalt der Schuld nichts zu ändern vermag[35]. Im Bereich der Haftung aber sind befreiende Leistungsstörungen nicht mehr möglich[36]. Also können sie in dem Sonderfall der Geldschuld, in dem Schuld und Haftung zusammenfallen, auch schon im Bereich der Primärschuld nicht eintreten. Der Schutz des Schuldners erfolgt im Bereich der Haftung nämlich nicht mehr durch ihn von der Leistungspflicht befreiende Leistungsstörungskategorien, sondern allein durch den Sozialschutz, wie er sich in den Pfändungsschutzbestimmungen äußert. Damit ergibt sich eindeutig aus dem BGB und dem ihm zugrunde liegenden Haftungsrecht, daß die Pflicht des Geldschuldners durch Unvermögen nicht beseitigt werden kann[37]. Eine regelungsbedürftige Lücke ist also nicht zu finden. Somit bedarf es auch nicht einer analogen Anwendung des § 279, um zu einer unbedingten Haftung des

---

[34] *Simitis* aaO. S. 446.
[35] So richtig *Simitis* aaO. S. 446 mit Hinweis auf *Mann* Recht des Geldes S. 60 f.; ähnlich auch schon *Nußbaum* aaO. S. 80; vgl. dazu auch H. H. *Jakobs* S. 151 insbesondere FN 93.
[36] Auch Unmöglichkeit der Geldschuld kann nicht eintreten. Erfolgt ein Währungswechsel, so verhindert die Theorie des rekurrenten Anschlusses die Unmöglichkeit — *Nußbaum* S. 73; *Reinhardt* S. 62.
[37] Hierin zeigt sich auch ein wesentlicher Unterschied zu § 279, denn § 279 würde den Schuldner zu einer Schadensersatzschuld verpflichten, eine Umwandlung der Obligation, die völlig sinnlos wäre, weil sich der Leistungsinhalt durch sie nicht ändern würde. Von der Sinnlosigkeit einer solchen Umwandlung ist auch H. H. *Jakobs* S. 151 FN 93 überzeugt; wie hier auch *Medicus* Bürgerl. Recht § 13 II 1 a S. 101.

Geldschuldners zu kommen[38]. Dasselbe gilt für finanzielle Leistungshindernisse, die bei dem Schuldner einer Sachleistungsschuld auftreten.

b) Jedoch selbst wenn man das Vorliegen einer regelungsbedürftigen Lücke bejahen würde, scheint mir die Begründung einer Analogie nur schwer möglich zu sein.

Zwar weist E. Heymann[39] überzeugend nach, daß der Grundsatz genus perire non censetur in seiner geschichtlichen Entwicklung immer Geld- und Gattungsschulden zusammenzog und eine Regel für beide aufstellen wollte. Danach könnte man der Meinung sein, daß der subjektive Wille des Gesetzgebers eine Anwendung des § 279 auf die Fälle der Geldschulden umfaßt hatte. Obwohl auch Fr. Mommsen[40], auf dessen Terminologie das Recht der Leistungsstörungen im BGB — wie oben ausgeführt — weitgehend beruht, die Geldschuld als Gattungsschuld bezeichnet, scheint mir die Annahme eines derartigen subjektiven Gesetzgeberwillens dennoch ausgesprochen fragwürdig[41]. Denn die Gesetzesverfasser gingen zunächst von der allgemeinen Nichtberücksichtigung des Unvermögens aus[42]. Jedoch selbst wenn ein derartiger subjektiver Wille des Gesetzgebers ersichtlich wäre, würde sich damit heute, nachdem das Recht der Leistungsstörungen allgemein und insbesondere auch der § 279 bedeutende Wandlungen erfahren hat,

---

[38] So auch: *Esser* SAT § 20 III 2 S. 123: „§ 279 ist für die Geldschuld überflüssig, denn nicht die Unerschöpflichkeit der ‚Gattung Geld' verhindert die Befreiung des schuldlos Zahlungsunfähigen, sondern der Grundsatz der unbeschränkten Vermögenshaftung." *Ballerstedt* aaO. S. 268; *Staudinger-Werner* Vorbem. 33 vor §§ 275—292; *Larenz* § 12 III S. 133; insofern inkonsequent *Simitis* aaO. S. 446, der die Notwendigkeit der Anwendung des § 279 ablehnt, um (S. 465) § 279 doch noch analog anzuwenden. a. A.: *E. Heymann* aaO. S. 123. Modifiziert *Brecht* aaO. S. 240: „Es ist in den Grundlagen des Systems enthalten, daß der Schuldner sich wegen Geldmangels nicht entschuldigen kann. Das beruht auf dem Gedanken, daß, wer in den Rechtsverkehr eintritt, dafür einstehen muß, daß ihm das allgemeine Tauschmittel zur Verfügung steht." (Arg. parallel zum objektiven Fahrlässigkeitsmaßstab in § 276). Dieses Argument ist jedoch deswegen nicht überzeugend — obwohl man es den *Motiven* (Bd. II S. 46) entnehmen könnte — weil man für die persönlichen Fähigkeiten nicht mehr einzustehen hat, wenn man diese nach Vertragsschluß verliert. Gerade diese befreiende Wirkung hat dasselbe Ereignis, wenn es finanzielles Unvermögen bewirkt, nicht. Auch nach *Rabel* Unmöglichkeit S. 50 ergibt sich die Haftung für Zahlungsunfähigkeit wohl nicht aus § 279, sondern daraus „daß es im Verkehr gerade Sache des Schuldners ist, mit dieser (der Zahlungsunfähigkeit) zu rechnen".
[39] aaO. S. 96 ff.; 99, 100. Im ALR und österreichischen Recht S. 113, für das BGB S. 123 ff. Vgl. dazu jetzt auch *Wollschläger* S. 43, S. 110 und S. 130.
[40] Bd. I. S. 49.
[41] Daß sich aus den Formulierungen in den Motiven nichts entnehmen läßt, wurde schon mehrfach betont.
[42] In diesem Fall war die Haftung für Geldschulden kein regelnswertes Problem, sie ergab sich daraus, daß die Unmöglichkeit als einzig mögliche Leistungsstörung nicht eintreten konnte.

keineswegs eine Analogie aufzwingen. Denn die Geldschuld hat mit der in § 279 genannten Gattungsschuld ebensowenig Ähnlichkeit wie mit der Beschaffungsschuld. Von einer Gleichartigkeit oder Ähnlichkeit der beiden Tatbestände könnte also keineswegs gesprochen werden. Das einzige, was sich gleicht, ist die in § 279 ausgesprochene und die bei der Geldschuld — durch die Analogie — gewollte unbedingte Haftung. Und so kann man sich auch nicht des Eindrucks erwehren, daß viele Befürworter einer analogen Anwendung des § 279 auf die Geldschuld ihr Hauptaugenmerk auf die gewünschte Rechtsfolge richten, die sie mit guten Gründen, allerdings auf dem falschen Weg, zu erreichen hoffen. Eine analoge Anwendung des § 279 auf die Geldschulden ist also nicht nur mangels Lücke überflüssig, vielmehr erscheint sie deswegen und auch wegen der fehlenden Ähnlichkeit der Tatbestände bedenklich[43].

Damit gibt es aber keinen Grund mehr, den allgemeinen Grundsatz der bedingungslosen Haftung für Mittellosigkeit mit § 279 zu verknüpfen. Dieser Grundsatz ergibt sich ebenso wie die bedingungslose Haftung für Geldschulden aus dem Prinzip der unbeschränkten Vermögenshaftung und der Funktion des Geldes als Mittel zur Auflösung aller Quantitäten und als Mittel zur Realisierung der unbeschränkten Vermögenshaftung.

---

[43] Wenn man im BGB unbedingt eine Erwähnung der bedingungslosen Haftung sehen will, scheint es mir besser zu sein, diese einem argumentum e contrario aus den sog. exceptiones Caesareae zu entnehmen, wie dies beispielsweise *Planck* (4. Aufl. 1914) § 279 Anm. 2 tat.

§ 10: Zusammenfassung

I. Das Römische Recht kannte keine besondere Haftungsregelung für Gattungsschulden. Die schärfere Haftung des Gattungsschuldners ergab sich allein aus den tatsächlichen Unterschieden der Gattungs- und Speziesverbindlichkeiten.

II. Die von Fr. Mommsen formulierten — vom BGB übernommenen — Leistungsstörungen Unvermögen und Unmöglichkeit beruhen auf einer Vermischung der beiden römisch-rechtlichen Klagarten (actiones stricti iuris — actiones bonae fidei). Der für das römische Recht geltende Grund für die schärfere Haftung der Gattungsschulden fiel dadurch an sich weg. Dennoch hat Fr. Mommsen eine schärfere Haftung des Gattungsschuldners postuliert; das BGB hat diese in § 279 anerkannt.

Grund für die schärfere Haftung ist nach § 279 nur die unterschiedliche Bestimmung des Leistungsgegenstandes. Die Verhaltensanforderungen an den Schuldner bei Erbringung der Leistung bleiben außer Betracht.

III. § 279 setzt — seinem Wortlaut nach — für einen *Teilbereich der möglichen Sachleistungsverpflichtungen* eine Garantiehaftung für *alle zu schuldnerischem Unvermögen führenden Leistungshindernisse* fest. Dagegen wird heute § 279 ganz allgemein als eine Norm verstanden, die für *alle möglichen Sachleistungsverpflichtungen* eine Garantiehaftung nur für *einzelne, schuldnerisches Unvermögen auslösende Leistungshindernisse* anordnet.

IV. Die verstärkte Berücksichtigung des geschuldeten Verhaltens im Rahmen der Leistungsstörungen hat Auswirkungen auch im Bereich des § 279. Entscheidend ist nicht mehr die Art des Leistungsgegenstandes, sondern die Art der Leistungserbringung. Die Haftungsverschärfung gilt nicht mehr für Gattungsschulden, sondern für Beschaffungsschulden. Gattungs- und Beschaffungsschulden fallen nicht notwendig zusammen. Allerdings spricht eine Vermutung dafür, daß Gattungsschulden regelmäßig mit einer Beschaffungspflicht verbunden werden.

V. Für die Beurteilung der Haftung bei Beschaffungsschulden entspricht die undifferenzierte Aussage des § 279 nicht der Typenvielfalt der Beschaffungsschulden.

VI. Eine an dieser Typenvielfalt orientierte Haftung ergibt sich aus der mit der Anerkennung des objektiven Fahrlässigkeitsmaßstabes verbundenen Einstandspflicht des Schuldners ohne subjektiv vorwerfbares Verhalten. Diese Haftung für Beschaffungsschulden ist regelmäßig schärfer als bei einfachen Leistungsschulden.

VII. Konsequenzen für § 279
1. Die vom BGB getroffene Unterscheidung in Spezies- und Gattungsschuld hat ihre Bedeutung im Rahmen des § 279 verloren.
H. L. und Rechtsprechung haben diesen Bedeutungsverlust durch die Anwendung des § 279 auch auf Spieziesschulden anerkannt.
Der entscheidende Gegensatz — auch im Rahmen des § 279 — ist nunmehr der zwischen einfacher Leistungs- und Beschaffungsschuld. Ein nur der Gattung nach bestimmtes Leistungsobjekt kann Gegenstand sowohl einer einfachen Leistungsschuld wie auch einer Beschaffungsschuld sein.

2. Die Vorratsschuld ist Gattungs- und einfache Leistungsschuld. Da § 279 in ihrem Bereich keine interessengerechten Ergebnisse bewirkt, kann er auf sie nicht angewandt werden. Der Unterschied zwischen der Vorrats- und der einfachen Leistungsschuld, die eine species zum Leistungsgegenstand hat, ergibt sich allein aus § 243 II (argumentum e contrario).

3. Die von der einfachen Leistungsschuld verschiedene Haftung bei der Beschaffungsschuld ergibt sich nicht aus § 279, sondern aus § 276. Entscheidend sind dabei die von dem Beschaffungsschuldner nach den üblichen Gepflogenheiten des Beschaffungsmarktes zu erwartenden besonderen Fähigkeiten, mit deren Fehlen sich dieser nicht zu entschuldigen vermag.

Damit ähnelt das Ergebnis der Regelung des Römischen Rechts. Die schärfere Haftung ergibt sich auch nach dem BGB nicht mehr aus einer rechtlichen Sonderregelung, sondern allein aus dem Unterschied der vertraglichen Verpflichtung (bei Anwendung derselben Rechtsregeln).

4. Da § 279 auch auf Geldschulden und auf die Fälle finanziellen Unvermögens nicht anwendbar ist, findet er keinen Anwendungsbereich mehr.

Literaturverzeichnis

Ballerstedt, Kurt: Zur Lehre vom Gattungskauf, Festschrift für H. C. Nipperdey zum 60. Geburtstag, München-Berlin 1955, S. 261 ff. (ohne Titel zitiert).

Baetge, Heinz: „Gattungsschuld" in: Rechtsvergleichendes Handwörterbuch für das Zivil- und Handelsrecht des Auslands, Band III „Eisenbahntransportgeschäfte — Grundstück", Berlin 1931, S. 622 ff. (zitiert: Handwörterbuch).

Bechmann, August: Der Kauf nach gemeinem Recht, 2. Teil: System des Kaufs nach gemeinem Recht — erste Abteilung, Erlangen 1884 (ohne Titel zitiert).

Berndorff, Wilhelm: Die Gattungsschuld, Berlin 1900 (ohne Titel zitiert).

Biermann, Wilhelm: Zur Lehre von der Unmöglichkeit der Leistung im bürgerlichen Recht, AcP 91 (1901), 73 ff. (ohne Titel zitiert).

Blomeyer, Arved: Allgemeines Schuldrecht, 4. Aufl., Berlin - Frankfurt 1969 (ohne Titel zitiert).

de Boor, Hans Otto: Kollision von Forderungsrechten, Wien-Berlin 1928.

Brecht, Arn.: System der Vertragshaftung (Unmöglichkeit der Leistung, positive Vertragsverletzung und Verzug), Iherings Jahrbücher Band 53 (1908, S. 213 ff. (ohne Titel zitiert).

Brinz, Alois: Lehrbuch der Pandekten 1. Abt. Erlangen 1857, 2. Aufl., Erlangen 1873; 2. Abt. 1. Hälfte Erlangen 1860, 2. Aufl. Erlangen 1879; 2. Abt. 2. Hälfte Erlangen 1868, 2. Aufl. Erlangen 1882 (zitiert: Pand.).

Cosack, Konrad: Lehrbuch des Bürgerlichen Rechts, 1. Aufl., Stuttgart 1900 (zitiert: Lehrbuch).

Cosack-Mitteis: Lehrbuch des Bürgerlichen Rechts, Bd. I: Die allgemeinen Lehren und das Schuldrecht, 8. Aufl., Jena 1927 (ohne Titel zitiert).

Dernburg, Heinrich: Das bürgerliche Recht des Deutschen Reichs und Preußens, Band 2, Abt. 1: Die Schuldverhältnisse, Halle a. d. S. 1905 (zitiert: Bürgerl. Recht Bd. II).
— Pandekten Bd. 1: Allgemeiner Teil, Berlin 1884, Bd. 2 und 3: Obligationenrecht, Familien- und Erbrecht 2. Aufl., Berlin 1889.
— Über das Rücktrittsrecht des Käufers wegen positiver Vertragsverletzung, DJZ 1903, 1.

Deutsch, Erwin: Fahrlässigkeit und erforderliche Sorgfalt, Köln - Berlin - Bonn - München 1963.

Düringer-Hachenburg: Das Handelsgesetzbuch vom 10. Mai 1897 auf der Grundlage des Bürgerlichen Gesetzbuches, Kommentar, 3. Aufl. Bd. IV:

Allgemeine Einleitung zum 3. Buch und §§ 343—372, erläutert von J. Breit, V. Hoeniger, A. Werner, Mannheim - Berlin - Leipzig 1932.

Endemann, Friedrich: Lehrbuch des Bürgerlichen Rechts Bd. I, Einleitung, Allgemeiner Teil, Recht der Schuldverhältnisse, 6. Aufl., Berlin 1899 (ohne Titel zitiert).

Enneccerus-Lehmann: Recht der Schuldverhältnisse, 15. Aufl., Tübingen 1958 (ohne Titel zitiert).

Erman, Walter: Handkommentar zum Bürgerlichen Gesetzbuch, 4. Aufl., Münster 1967 (ohne Titel zitiert).

Esser, Josef: Schuldrecht, Allgemeiner und Besonderer Teil, 2. Aufl., Karlsruhe 1960 (zitiert: 2. Aufl.).
— Schuldrecht, Bd. I: Allgemeiner Teil, 4. Aufl., Karlsruhe 1970 (zitiert: SAT).

Fikentscher, Wolfgang: Das Schuldrecht, 2. Aufl., Berlin 1969 (ohne Titel zitiert).

Fischer, Hans Albrecht: Konzentration und Gefahrtragung bei Gattungsschulden, Iherings Jahrbücher 51 (1907), 159 ff. (ohne Titel zitiert).

Flume, Werner: Allgemeiner Teil des Bürgerlichen Rechts, Bd. 2: Das Rechtsgeschäft, Berlin - Heidelberg - New York 1965 (zitiert: Rechtsgeschäft).

Genzmer, Erich: Der subjektive Tatbestand des Schuldnerverzugs im klassischen römischen Recht, SZ 44 (1924), 86 ff. (ohne Titel zitiert).

Hartmann, Gustav: Die Obligation. Untersuchungen über ihren Zweck und Bau, Erlangen 1875 (zitiert: Die Obligation).
— Über den rechtlichen Begriff des Geldes und den Inhalt von Geldschulden, Braunschweig 1868 (zitiert: Begriff des Geldes).

Haymann, Franz: Die Haftung des Verkäufers für die Beschaffenheit der Kaufsache, Berlin 1912.
— Haben die Römer den Gattungskauf gekannt?, Iherings Jahrbücher 79 (1928/29), 95 ff.
— Zur Klassizität des periculum emptoris, SZ 48 (1928), 314 ff.

Heck, Philipp: Grundriß des Schuldrechts, Tübingen 1929 (ohne Titel zitiert).

Heldrich, Karl: Das Verschulden beim Vertragsabschluß im klassischen römischen Recht und in der späteren Rechtsentwicklung, Leipzig 1924.

Henle, Rudolf: Lehrbuch des bürgerlichen Rechts, Bd. II: Schuldrecht, Rostock 1934 (zitiert: Schuldrecht).

Heymann, Ernst: Das Verschulden beim Erfüllungsverzug. Zugleich ein Beitrag zur Geschichte des Obligationenrechts, Marburg 1913 (ohne Titel zitiert).

Hölder: Zur Lehre von der Haftung für Verzug, Unmöglichkeit und Unvermögen, Das Recht, 1911, 673 ff.

Huschke, Ph. E.: K. A. D. Unterholzners quellenmäßige Zusammenstellung der Lehre des römischen Rechts von den Schuldverhältnissen mit Berücksichtigung der heutigen Anwendung, Bd. I, Leipzig 1840.

Ihering, Rudolf: Culpa in contrahendo oder Schadensersatz bei nichtigen oder nicht zur Perfektion gelangten Verträgen, Iherings Jahrbücher, Bd. 4 (1861), 1 ff.

Jakobs, Horst Heinrich: Unmöglichkeit und Nichterfüllung, Bonn 1969 (ohne Titel zitiert).

Jörs-Kunkel: Römisches Privatrecht, 2. Aufl., Berlin 1935.

Kaser, Max: Das Römische Privatrecht. Erster Abschnitt: Das altrömische, das vorklassische und klassische Recht. Handbuch der Alterstumswissenschaft, 10. Abteilung, dritter Teil, 3. Bd., 1. Abschnitt, München 1955 (ohne Titel zitiert).
— Römisches Privatrecht, 6. Aufl. München - Berlin 1968.
— „Mora" — Paulys Realenzyklopädie der klassischen Altertumswissenschaft, 31. Halbband, S. 251, Stuttgart 1933.

Keller, Friedrich Ludwig: Der römische Civilprozeß und die Actionen, 5. Aufl., bearbeitet von Adolf Wach, Leipzig 1876.

Kisch, Wilhelm: Gattungsschuld und Wahlschuld — Eine begriffliche Abgrenzung, München - Leipzig 1912 (zitiert: Gattungsschuld — Wahlschuld).
— Die Wirkung der nachträglich eintretenden Unmöglichkeit der Erfüllung bei gegenseitigen Verträgen nach dem bürgerlichen Gesetzbuch für das Deutsche Reich, Abhandlungen zum Privatrecht und Zivilprozeß des Deutschen Reiches, Bd. 7, Heft 2, Jena 1900 (zitiert: Unmöglichkeit).

Kleineidam, Feodor: Unmöglichkeit und Unvermögen, Abhandlungen zum Privatrecht und Zivilprozeß des Deutschen Reiches, Bd. 7, Heft 1, Jena 1900 (ohne Titel zitiert).

Kohler, Josef: Lehrbuch des bürgerlichen Rechts, Bd. II: Vermögensrecht, 1.1 Schuldrecht, Berlin 1906 (zitiert: Lehrbuch).

Krückmann, Paul: Einführung in das Recht, Tübingen 1912 (zitiert: Einführung).
— Institutionen des Bürgerlichen Gesetzbuches, 5. Aufl., Berlin 1929 (zitiert: Institutionen).
— Nachlese zur Unmöglichkeitslehre, Erster Beitrag, Iherings Jahrbücher 57 (1910), 1 ff., Zweiter Beitrag, Iherings Jahrbücher 59 (1911), 20 ff.
— Unmöglichkeit und Unmöglichkeitsprozeß, zugleich eine Kritik der Entwürfe Rußlands, Ungarns und der Schweiz, AcP 101 (1907), 1 ff. (zitiert: Unmöglichkeit).
— Zur Reform des Kaufrechts, Berlin 1896.

Kübler, Bernhard: Geschichte des Römischen Rechts, Leipzig - Erlangen 1925.

Kuhlenbeck, Ludwig: Von den Pandekten zum Bürgerlichen Gesetzbuch. Eine dogmatische Einführung in das Studium des Bürgerlichen Rechts, 2. Teil, Berlin 1899 (ohne Titel zitiert).

Kunkel, W.: Miszelle zu D. 19.1.13 pr. — 2, SZ 46 (1926), 285—287.

Larenz, Karl: Lehrbuch des Schuldrechts, Bd. 1: Allgemeiner Teil, 10. Aufl., München 1970 (ohne Titel zitiert).
— Methodenlehre der Rechtswissenschaft, 2. Aufl., Berlin - Heidelberg - New York 1969 (zitiert: Methodenlehre).

— Über Fahrlässigkeitsmaßstäbe im Zivilprozeß, Festschrift für Wilburg, S. 119 ff., Graz 1965 (zitiert: Festschrift Wilburg).

Leonhard, Franz: Allgemeines Schuldrecht des BGB, 1. Bd., München - Leipzig 1929 (zitiert: SchuldR I).

Mann, F. A.: Das Recht des Geldes. Eine rechtsvergleichende Untersuchung auf der Grundlage des englischen Rechts Berlin 1960 (zitiert: Recht des Geldes).

Medicus, Dieter: Bürgerliches Recht, 3. Aufl., Köln - Berlin - Bonn - München 1970.
— Die konkretisierte Gattungsschuld, JuS 1966, 298 ff.
— Modellvorstellungen im Schuldrecht, Festschrift für W. Felgentraeger, S. 309 ff., Göttingen 1969 (zitiert: Festschrift Felgentraeger).
— Zur Funktion der Leistungsunmöglichkeit im römischen Recht, SZ 86 (1969), 67 ff.

Merkel, Rudolf: Die Kollision rechtmäßiger Interessen und die Schadensersatzpflicht bei rechtmäßigen Handlungen, Straßburg 1895 (zitiert: Interessenkollisionen).

Mitteis, Ludwig: Trapezitika, SZ 19 (1898), 198 ff.

Mitteis-Lieberich: Deutsche Rechtsgeschichte, 11. Aufl., München 1969 (ohne

Mommsen, Friedrich: Beiträge zum Obligationenrecht, 1. Abteilung: Die Unmöglichkeit der Leistung in ihrem Einfluß auf obligatorische Verhältnisse, Braunschweig 1853 (zitiert: Bd. I, ohne Titel).

Motive: Motive zum Entwurfe eines Bürgerlichen Gesetzbuches für das deutsche Reich, Bd. 2: Recht der Schuldverhältnisse, Berlin und Leipzig

Müller-Erzbach, Rudolf: Gefährdungshaftung und Gefahrtragung, AcP 106 (1910), 309 ff.

Nipperdey, Hans Carl: Rechtswidrigkeit, Sozialadäquanz, Fahrlässigkeit, Schuld im Zivilrecht, NJW 1957, 1777 ff.

Nußbaum, Arthur: Das Geld in der Theorie und Praxis des deutschen und ausländischen Rechts, Tübingen 1925 (ohne Titel zitiert).

Oertmann, Paul: Bürgerliches Gesetzbuch. Zweites Buch: Recht der Schuldverhältnisse, 1. Abt.: §§ 241—432, 5. Aufl., Berlin 1928.
— Die Verantwortlichkeit für den eigenen Geschäftskreis. Recht 1922, 5 ff.
— Anfängliches Leistungsunvermögen, AcP 140 (1937), 129 ff.

Paech, Fritz: Der Leistungsverzug, Berlin 1912.

Palandt: Bürgerliches Gesetzbuch, 29. Aufl., München 1970.

Planck, Gottlieb: Bürgerliches Gesetzbuch, Bd. II: Recht der Schuldverhältnisse, 3. Aufl., Berlin 1907, 4. Aufl., Leipzig 1914, Bd. II, 1. Hälfte Schuldrecht, Allgemeiner Teil.

Protokolle: Protokolle der Kommission für die zweite Lesung des Entwurfs des Bürgerlichen Gesetzbuchs. Im Auftrag des Reichs-Justizamtes bearbeitet von Achilles, Gebhard, Spahn, Bd. I: Allgemeiner Teil und Recht der Schuldverhältnisse, Abschnitt I, Abschnitt II, T. 1, Bd. II: Recht der Schuldverhältnisse Abschnitt 2, Tit. 2—20, Abschn. 3.4, Berlin 1898.

Rabel, Ernst: Grundzüge des Römischen Privatrechts, 2. Aufl., Darmstadt 1955 (zitiert: Grundzüge).
— Das Recht des Warenkaufs. Eine rechtsvergleichende Darstellung, Bd. 1 und 2, Sonderveröffentlichung der Zeitschrift für ausländisches und internationales Privatrecht, Berlin und Tübingen 1958 (zitiert: Recht des Warenkaufs).
— Gefahrtragung beim Kauf, SZ 42 (1921), 543 ff.
— Unmöglichkeit der Leistung. Eine kritische Studie zum Bürgerl. Gesetzbuch. Festschrift E. J. Bekker, S. 171 ff., Weimar 1907; gesammelte Aufsätze Bd. I, hrsg. von Hans G. Leser, S. 1 ff., Tübingen 1965 (zitiert: Unmöglichkeit — Seitenangaben nach den gesammelten Aufsätzen).

Reinhardt, Rudolf: Vom Wesen des Geldes und seiner Einfügung in die Güterordnung des Privatrechts, Festschrift für Gustav Boehmer, S. 60 ff., Bonn 1954 (ohne Titel zitiert).

RGRK (BGB—RGRK): Das bürgerliche Gesetzbuch unter besonderer Berücksichtigung der Rechtsprechung des Reichsgerichts und des Bundesgerichtshofes, Kommentar, herausgegeben von Reichsgerichtsräten und Bundesrichtern, 11. Aufl., Berlin 1960.

Roth, H. Günther: Das nachträgliche Unvermögen des Schuldners, JuS 1968, 101 ff.

Savigny, Friedrich Carl von: Das Obligationenrecht als Teil des heutigen römischen Rechts, 1. Bd., Berlin 1851 (zitiert: Obl.Recht).
— System des heutigen römischen Rechts, Bd. 5, Berlin 1841 (zitiert: System).

Seckel-Levy: Emil Seckel, Ernst Levy: Die Gefahrtragung beim Kauf im klassischen römischen Recht, SZ 47 (1927), 117 ff.

Seuffert, Johann Adam: Praktisches Pandektenrecht, Bd. I, 4. Aufl., Würzburg 1860.

Siber, Heinrich: Römisches Recht, Bd. 2: Römisches Privatrecht, Berlin 1928.
— Zur Theorie von Schuld und Haftung nach Reichsrecht, Iherings Jahrbücher 50 (1906), 55 ff.

Simitis: Bemerkungen zur rechtlichen Sonderstellung des Geldes, AcP 159 (1960), 406 ff. (ohne Titel zitiert).

Sintenis, Carl Friedrich Ferdinand: Das praktische gemeine Civilrecht, Bd. I, 2. Aufl., Leipzig 1860.

Soergel-Siebert: Bürgerliches Gesetzbuch, I. Bd., §§ 1—432; 9. Aufl., Stuttgart - Berlin - Köln - Mainz 1959.

Staub, Hermann: Die positive Vertragsverletzung und ihre Folgen, Berlin 1904 und in: Festgabe für den 26. Deutschen Juristentag 1902.

von Staudinger, Julius: Kommentar zum Bürgerlichen Gesetzbuch und zum Einführungsgesetz, II. Bd.: Recht der Schuldverhältnisse, 3./4. Aufl., München 1908, 10./11. Aufl., Berlin 1967, Bd. 2 Teil 1 c §§ 249—327 erläutert von Alfred Werner und Hubert Kaduk.

von Tuhr, Andreas: Der Allgemeine Teil des Deutschen Bürgerlichen Rechts, 1. Bd., Allgemeine Lehren und Personenrecht. Unveränderter Nachdruck, Berlin 1957 (ohne Titel zitiert).

Titze, Heinrich: Die Unmöglichkeit der Leistung nach deutschem bürgerlichen Recht, Leipzig 1900 (zitiert: Unmöglichkeit).

Ubbelohde: Die Befreiung des Schuldners bei Vereitelung der Leistung nach dem Entwurfe des Bürgerlichen Gesetzbuches in zweiter Lesung, §§ 232 und 235, AcP 85 (1896), 118 ff.

Vangerow, Karl Adolph von: Lehrbuch der Pandekten, 1. Bd. 1863, 3. Bd.: Die Obligationen 1869, 7. Aufl., Marburg - Leipzig.

Wächter, Carl Georg: Erörterungen aus dem römischen, deutschen und württembergischen Privatrecht, 2. Heft, Stuttgart 1864 (zitiert: Erörterungen).
— Pandekten — herausgegeben von Oskar Wächter, Bd. I: Allgemeiner Teil, Leipzig 1880; Bd. II: Besonderer Teil, Leipzig 1881.

Wieacker, Franz: Leistungshandlung und Leistungserfolg im bürgerlichen Schuldrecht, Festschrift für H. C. Nipperdey zum 70. Geburtstag, Bd. 1, S. 783 ff., München - Berlin 1965 (ohne Titel zitiert).
— Privatrechtsgeschichte der Neuzeit, 2. Aufl., Göttingen 1967.

Windscheid, Bernhard: Lehrbuch des Pandektenrechts, 2. Bd., 2. Aufl., Düsseldorf 1869, 3. Aufl., Düsseldorf 1873 (zitiert: Pand., Bd. II und Aufl.).
— Friedrich Mommsen, Beiträge zum Obligationenrecht. 1. Abteilung: Unmöglichkeit (Rezension), Kritische Zeitschrift für die gesamte Rechtswissenschaft, 2. Band, 1855, S. 106 ff.

Windscheid, B. - T. *Kipp:* Lehrbuch des Pandektenrechts, Bd. 2, 8. Aufl., Frankfurt 1900 und 9. Aufl., unter vergleichender Darstellung des deutschen Rechts bearbeitet von Kipp, Frankfurt 1901.

Wolf, Ernst: Anleitung zum Lösen zivilrechtlicher Fälle, JuS 1962, 101 ff.

Wollschläger, Christian: Die Entstehung der Unmöglichkeitslehre, Köln - Wien 1970 (ohne Titel zitiert).

Würdinger, Hans: Zur Haftung für Ostschulden, insbesondere nach erfolgter Enteignung im Osten, SJZ 1950, 81 ff.

Printed by Libri Plureos GmbH
in Hamburg, Germany